Stefan Schäfer

# Meine Lese-Übungskarten Deutsch Klassen 5/6

Flexibel einsetzbar.
Zum selbstständigen Üben.
Einfach und effektiv

1. Auflage 2024


Autor: Stefan Schäfer
Illustrationen: Stefanie Aufmuth, Corina Beurenmeister, Steffen Jähde, Kristina Klotz, Hendrik Kranenberg, Tina Pohl, Katharina Reichert-Scarborough, Trantow Atelier, Bettina Weyland
Satz: fotosatz griesheim GmbH
Druck und Bindung: Druckerei Joh. Walch GmbH & Co. KG
ISBN 978-3-403-**08908**-7

www.auer-verlag.de

# Inhaltsverzeichnis

## Erzähltexte


- Brüder Grimm: Die weiße Taube 7
- Verlaufen im Wald 9
- Katze in Not 11
- Johann Peter Hebel: Der verwegene Hofnarr 13
- Tag der offenen Tür 15
- Brüder Grimm: Prinzessin Mäusehaut 17
- Das merkwürdige Geräusch 19
- Oma und Opa Wuttke gehen einkaufen 21
- Alles wird gut 23
- Johann Peter Hebel: Der kluge Sultan 25
- Der Streit 27
- Keine Freundschaft 29
- Mira Maxima die Supermaus 31
- Opa Wuttke geht essen 33
- Der Rattenfänger von Hameln 35
- Johann Peter Hebel: Der kluge Richter 37
- Lampenfieber 39
- Oma Wuttke räumt auf 41
- G. A. Bürger: Baron Münchhausen und der geteilte Litauer 43
- Äsop: Der Esel und die Ziege 45
- Ulrich Jahn: Die Lebensalter 47
- Brüder Grimm: Der Feuerberg 49
- Wie Till Eulenspiegel einem Esel das Lesen beibringt 51
- Äsop: Das Lamm und der Wolf 53
- Johann Peter Hebel: Das Mittagessen im Hof 55
- Kurt Tucholsky: Der Floh 57

# Inhaltsverzeichnis

## Sachtexte


- Sternschnuppen 59
- Schmetterlinge 61
- Maulwürfe 63
- Kinderarbeit 65
- Lichtverschmutzung 67
- Osterei, Osterhase und Osterlamm 69
- Aktion „Sauberes Rheinufer" 71
- Wels greift Mädchen an 73
- Wie Honig entsteht 75
- Der echte Nikolaus 77
- Der menschliche Schlaf 79
- Die Walz 81
- Wie Steine entstehen 83
- Die ägyptischen Pyramiden 85
- Die Geschichte des Fahrrads 87
- Ernährungsformen 89
- Geschichte der vermeintlichen Hexen 91
- Seide 93
- Künstliche Intelligenz 95


## Nichtlineare Texte


- Die größten Sprachen der Welt 97
- Freizeitbeschäftigung der Schüler 99
- Heimtiere in Prozent aller Haushalte 101
- Verfassung der Bundesrepublik Deutschland 103
- Ordnung muss sein 105
- Verkehrsunfälle von Kindern 107
- Bevölkerungsentwicklung und -prognose 109

# Vorwort

Liebe Kolleginnen und Kollegen,

Lesekompetenz gilt als eine der zentralen Kulturtechniken, da Defizite hier auch in anderen Bereichen negative Folgen haben können, zum Beispiel dann, wenn man an einer mathematisch-naturwissenschaftlichen Fragestellung deshalb scheitert, weil das Ausgangsproblem schriftlich vermittelt und nicht verstanden wurde.

Genau auf diesen Aspekt verweisen auch die Ergebnisse der IGLU-Studie 2021: Die mittlere Lesekompetenz ist im Vergleich zu 2001 in Deutschland deutlich gesunken. Derzeit erreichen 25,5 Prozent der Grundschülerinnen und Grundschüler – nach internationalem Standard – keine ausreichende Lesekompetenz und müssen folglich mit großen Schwierigkeiten im weiteren Verlauf der Schulzeit rechnen (vgl. https://ifs.ep.tu-dortmund.de/storages/ifs-ep/r/Downloads_allgemein/Handreichung_Presse_IGLU.pdf; abgerufen am 16. Mai 2023).

Mithilfe der „Meine Lese-Übungskarten" lässt sich die Lesekompetenz der Schülerinnen und Schüler sowohl testen als auch üben – sowohl bei fiktionalen (literarischen) als auch bei pragmatischen und nichtlinearen (diskontinuierlichen) Texten.

Um eine schnelle Übersicht zu gewährleisten, werden dabei die vier- und fünfstufigen Kompetenzstufenmodelle in ein dreigliedriges zusammengefasst:

- leicht: explizit angegebene Einzelinformationen identifizieren
- mittel: Informationen im Text miteinander verknüpfen
- komplex: Schlüsse aus dem Gelesenen ziehen, Gelesenes vor dem Hintergrund eigenen Wissens bewerten

Die Karten sind immer so aufgebaut, dass nach dem Text, der sich über die Vorder- bis auf die Rückseite erstrecken kann, Fragen zum Leseverständnis folgen. Entsprechend der Kompetenzstufen können das einfache geschlossene Fragen, Multiple-Choice-Aufgaben (mit oder ohne plausible Distraktoren), halb-offene oder offene Fragen sein. Der Schwerpunkt liegt dabei auf den Kompetenzstufen I und II. Eine Karte kann dabei eine oder zwei aufeinanderfolgende Kompetenzstufen befragen. Um die Transparenz für die Nutzung zu erhöhen, ist auf der Kartenvorderseite immer die jeweilige Kompetenzstufe angegeben.

# Vorwort

Die Lösungskarten befinden sich im digitalen Zusatzmaterial, das Sie über den Code auf der Umschlag-Innenseite herunterladen können. Diese können natürlich auch den Schülerinnen und Schülern ausgehändigt werden, wenn diese die Karten zu Übungszwecken nutzen.

Ich wünsche Ihnen und Ihren Schülerinnen und Schülern viel Erfolg mit unseren „Meine Lese-Übungskarten"!

Stefan Schäfer

# Brüder Grimm: Die weiße Taube

ERZÄHLTEXT 1

LEICHT

Vor eines Königs Palast stand ein prächtiger Birnbaum, der trug jedes Jahr die schönsten Früchte, aber wenn sie reif waren, wurden sie in der Nacht alle geholt, und kein Mensch wusste, wer es getan hatte. Der König aber hatte drei Söhne, davon wurde der jüngste für einfältig gehalten und hieß der Dummling.

Da befahl er dem ältesten, er solle ein Jahr lang alle Nacht unter dem Birnbaum wachen, damit der Dieb einmal entdeckt werde. Der tat das auch und wachte alle Nacht, der Baum blühte und war ganz voll von Früchten, und wie sie anfingen reif zu werden, wachte er noch fleißiger, und endlich waren sie ganz reif und sollten am andern Tag abgebrochen werden. In der letzten Nacht aber überfiel ihn ein Schlaf, und er schlief ein, und wie er aufwachte, waren alle Früchte fort und nur die Blätter noch übrig. Da befahl der König dem zweiten Sohn, ein Jahr zu wachen. Dem ging es nicht besser als dem ersten; in der letzten Nacht konnte er sich des Schlafes nicht erwehren, und am Morgen waren die Birnen alle abgebrochen.

Endlich befahl der König dem Dummling, ein Jahr zu wachen, darüber lachten alle, die an des Königs Hof waren. Der Dummling aber wachte, und in der letzten Nacht wehrt` er sich den Schlaf ab, da sah er, wie eine weiße Taube geflogen kam, eine Birne nach der anderen abpickte und forttrug. Und als sie mit der letzten fortflog, stand der Dummling auf und ging ihr nach. Die Taube flog aber auf einen hohen Berg und verschwand auf einmal in einem Felsenritz. Der Dummling sah sich um, da stand ein kleines graues Männlein neben ihm, zu dem sprach er: „Gott segne dich!"

„Gott hat mich gesegnet in diesem Augenblick durch deine Worte", antwortete das Männchen, „denn sie haben mich erlöst. Steig du in den Felsen hinab, da wirst du dein Glück finden."

Der Dummling trat in den Felsen, viele Stufen führten ihn hinunter, und wie er unten ankam, sah er die weiße Taube ganz von Spinnweben umstrickt und zugewebt. Wie sie ihn aber erblickte, brach sie hindurch, und als sie den letzten Faden zerrissen, stand eine schöne Prinzessin vor ihm, die hatte er auch erlöst, und sie ward seine Gemahlin und er ein reicher König und regierte sein Land mit Weisheit.

*(In: Brüder Grimm: Kinder- und Hausmärchen. Ausgabe letzter Hand, Hrsg. v. Heinz Rölleke. Band 3. Stuttgart Reclam 1993. S. 111 f.; Text orthografisch und stilistisch angepasst)*

# Brüder Grimm: Die weiße Taube

**Leseverstehensaufgaben**

**1.** Wie wird der jüngste Sohn des Königs genannt?

**2.** Gib an, warum die älteren Brüder scheitern.

a) Die älteren Brüder schlafen ein.
b) Die älteren Brüder verlaufen sich.
c) Die älteren Brüder sind ungehorsam.
d) Die älteren Brüder sind zu nervös.

**3.** Gib an, wen der jüngste Sohn als Erstes erlöst.

a) die weiße Taube
b) seine Brüder
c) ein kleines graues Männlein

**4.** Benenne, in wen sich die weiße Taube am Ende verwandelt.

# Verlaufen im Wald



Ihrer Mutter hatte Sarah gesagt, dass sie lesen und vielleicht ein bisschen fernsehen würde. Doch heute war ein so schöner sonniger Tag und schließlich hatte sie Ferien. So beschloss Sarah, einen Spaziergang im nahegelegenen Wald zu machen, und war losgezogen, um dort die Natur zu erkunden.

Der Wald war voller Farben und Geräusche, und Sarah war fasziniert von der Schönheit der Natur. So ging sie immer weiter, wie sie dachte, nur geradeaus. Doch als sie sich auf den Rückweg machte, bemerkte sie, dass sie offenbar keineswegs nur geradeaus gegangen war, sondern sich verlaufen hatte. „So ein Mist!“, rief sie aus. Panik kam in ihr auf. Laut rief sie nach Hilfe, aber es schien, als ob niemand sie hören konnte. „Ruhig, du musst ruhig bleiben“, ermahnte sich Sarah selbst. Es war nun später Nachmittag und die Stadt lag westlich des Waldes, sodass sie eigentlich nur in Richtung des Sonnenuntergangs zu laufen brauchte. „Genau“, sagte Sarah zu sich selbst, „so mache ich es.“

So ging sie den Weg Richtung Westen, und als der Weg sich von ihrer Zielrichtung entfernte, beschloss Sarah, querfeldein zu gehen. Der Wald war nicht sehr dicht mit Unterholz bewachsen und sie kam gut voran.

Trotzdem wuchs ihre Angst, denn bald würde die Sonne untergehen, und was dann? Doch gerade als sie wieder Panik zu erfassen drohte, sah sie ungefähr hundert Meter vor sich wieder einen Waldweg, sogar mit Schildern! Sofort rannte sie los, stolperte, fiel, rappelte sich wieder auf und rannte weiter, bis sie direkt vor den Schildern stand. Und da stand er, der Name ihrer Stadt, und da stand auch: „800 Meter“ Sarah schrie auf vor Glück und rannte los, rannte vor lauter Erleichterung und Glück in die angegebene Richtung. Und tatsächlich, schon bald lichtete sich der Wald und sie sah den Stadtrand durch die Bäume. Sie war zurück und es war nichts passiert! Sarah hatte zwar keine Uhr dabei, aber sie war sicher, dass sie zu Hause sein würde, noch bevor ihre Mutter von der Arbeit nach Hause kam.

Sollte Sarah ihrer Mutter von ihrem Ausflug in den Wald erzählen? „Warum nicht?“, sagte Sarah zu sich selbst, „schließlich habe ich nichts Verbotenes getan und alles ist gut ausgegangen.“ Und jetzt, da sie in wenigen Minuten auch wieder zu Hause sein würde, war Sarah auch ein bisschen stolz auf sich. Sicher, zuerst hatte sie Panik gehabt, dann aber war sie ruhig geblieben und konnte sich alleine helfen und zurückfinden. An dieses Erlebnis würde Sarah noch lange zurückdenken.

# Verlaufen im Wald

**Leseverstehensaufgaben**

**1.** Benenne, warum Sarah an diesem Tag Zeit hat, einen Ausflug in den Wald zu unternehmen.

**2.** Nenne den Grund, aus dem Sarah immer weiter in den Wald hineingeht.

**3.** Gib an, warum sich Sarah verlaufen hat.

a) Sarah hat nicht auf die Schilder geachtet.

b) Sarah ist nicht immer geradeaus gegangen, wie sie eigentlich gedacht hatte.

c) Sarah ist an einer Kreuzung falsch abgebogen.

**4.** Vervollständige den folgenden Satz nach den Angaben im Text.

Weil die Stadt westlich des Waldes liegt, geht Sarah in Richtung des ______________________________.

**5.** Benenne, wie weit Sarah von ihrer Stadt noch entfernt ist, als sie endlich Hinweisschilder entdeckt.

**6.** Vervollständige den folgenden Satz nach den Angaben im Text.

Am Ende ist Sarah auch ein bisschen ______________ auf sich, weil sie ruhig geblieben ist und sich alleine hat helfen können.

# Katze in Not



Die beiden besten Freunde Aslan und Tom hatten sich zum Kicken im Park verabredet. Sie wollten Pässe üben, und wenn sie Glück hatten, kamen später auch noch andere Kinder, sodass sie zusammen auch ein Spiel machen konnten. Aslan und Tom saßen gerade auf einer Bank, um sich ihre Fußballschuhe anzuziehen, als sie plötzlich ein lautes Miauen über sich hörten. Sofort blickten sie nach oben. „Da! Schau!", rief Aslan und zeigte auf die rechte Seite der Baumkrone. Tom folgte der Geste mit dem Blick, und nun sah er sie auch. Da hockte eine kleine, schwarze und sichtbar verängstigte Katze.

„Die kommt sicher alleine nicht mehr runter", sagte Tom.

„Ja", antwortete Aslan, „wir müssen ihr helfen. Am besten wäre natürlich eine Leiter, aber ein Ast oder so etwas, das wir hochreichen können, damit die hinunterklettern kann, tut es sicher auch."

Und so machten die beiden sich auf und suchten im Park nach einem Ast oder einer Stange, die sie der Katze zum Herunterklettern anbieten konnten. Doch ohne Erfolg. „Was meinst du", fragte Tom seinen Freund nach einer Weile, „sollen wir die Feuerwehr anrufen, die können die Katze herunterholen."

„Ach was", sagte Aslan zuversichtlich, „das schaffen wir auch ohne Feuerwehr, das wäre ja gelacht!"

„Was hast du vor?", wollte Tom wissen.

„Wenn du mir hilfst", sagte Aslan zu seinem Freund, „kann ich gut an den ersten Ast kommen und hochklettern. Dann hole ich die Katze und gebe sie dir herunter."

Und so half Tom Aslan auf den Baum. Vorsichtig näherte dieser sich der Katze, auf die er immer wieder einsprach: „Ganz ruhig, Kleine. Ganz ruhig. Gleich bin ich bei dir, dann bist du in Sicherheit!"

Und wirklich kam Aslan der Katze so nahe, dass er ihr den gestreckten Arm reichen konnte. Sofort sprang die Katze auf seinen Arm und krallte sich fest. Aslan unterdrückte einen Schrei. Er spürte die Krallen der Katze durch seine Trainingsjacke hindurch, aber er blieb tapfer. Langsam kroch er ein Stück zurück, bis er eine Astgabel erreichte, auf der er sitzen konnte. Und endlich konnte er die Katze zu sich nehmen und streicheln. „Siehst du", sprach Aslan beruhigend auf das verängstigte Tier ein, „jetzt hast du es geschafft! Alles ist gut!"

# Katze in Not

Und von unten rief Tom: „Super, Aslan! Jetzt kannst du sie mir runterreichen.“ Natürlich reichte Tom auch mit gestreckten Armen nicht bis zur Katze, aber den halben Meter, der fehlte, konnte Aslan das Tier werfen. Und so machten sie es. Kaum hatte Tom die Katze gefangen, war sie auch schon wieder weg. Wie vom Blitz getroffen verschwand sie in einem Busch. Und Aslan und Tom konnten stolz und zufrieden mit ihrem Training beginnen.

**Leseverstehensaufgaben**

**1.** Nenne den Grund, weshalb Aslan und Tom in den Park gegangen sind.

**2.** Benenne, wie Aslan und Tom auf die Katze aufmerksam werden.

**3.** Gib an, welche Aussagen laut Geschichte richtig sind. Mehrere Antworten sind richtig.

a) Aslan und Tom wollen der Katze erst gar nicht helfen, weil sie denken, dass sie alleine vom Baum herunterkommt.

b) Die beiden Freunde suchen zunächst nach einer Kletterhilfe (einem Ast oder einer Stange), um diese der Katze anzubieten.

c) Tom macht den Vorschlag, die Feuerwehr anzurufen.

d) Mit Aslans Hilfe klettert Tom schließlich auf den Baum, um die Katze zu holen.

e) Aslan gelingt es, die Katze zu holen und zu Tom hinunterzuwerfen.

**4.** Benenne, wie sich Aslan und Tom nach ihrer Rettungsaktion fühlen.

# Johann Peter Hebel: Der verwegene Hofnarr



Ein König hatte ein Pferd, das war ihm so lieb, dass er sagte: „Ich weiß nicht, was ich tue, wenn das Pferd mir stirbt. Aber den, der mir von seinem Tod die erste Nachricht bringt, den lass ich auch gewiss aufhängen."

Natürlich, das Pferdlein starb doch, und niemand wollte dem König die erste Nachricht davon überbringen.

Endlich kam der Hofnarr. „Ach, gnädigster Herr", rief er aus, „Ihr Pferd! Ach, das arme, arme Pferd! Gestern war es noch so …" Da stotterte er, und der erschrockene König fiel ihm ins Wort und sagte: „Ist es gestorben? Ganz gewiss ist es gestorben, ich merk's schon."

„Ach gnädigster Herr", fuhr der Hofnarr mit noch größerem Gejammer fort, „das ist noch lange nicht das Schlimmste."

„Nun was denn?" fragte der König. – „Ach, dass Sie jetzt noch sich selber müssen hängen lassen. Denn Sie haben's zuerst gesagt, dass Ihr Leibpferd tot sei. Ich hab's nicht gesagt."

Der König aber betrübt über den Verlust seines Pferdes, aufgebracht über die Frechheit des Hofnarren und doch belustigt durch seinen guten Einfall, gab ihm augenblicklich den Abschied, mit einem guten Reisegeld.
„Da, Hofnarr", sagte der König, „da hast du 100 Dukaten. Lass dich statt meiner dafür hängen, wo du willst. Aber lass mich nichts mehr von dir sehen und hören. Sonst wenn ich erfahre, dass du dich nicht hast hängen lassen, so tu ich's."

*(zitiert nach: http://hausen.pcom.de/jphebel/geschichten/verwegene_hofnarr.htm (abgerufen am 24.04.2023); Text orthografisch und stilistisch angepasst)*

# Johann Peter Hebel: Der verwegene Hofnarr

**Leseverstehensaufgaben**

**1.** Nenne den Grund, aus dem der König den töten lassen will, der ihm die Nachricht vom Tod seines Pferdes überbringt.

**2.** Gib an, weshalb der König dem Hofnarren ins Wort fällt, als dieser sagt: „Ihr Pferd! Ach, das arme, arme Pferd! Gestern war es noch so …“

a) Der König will zeigen, wie schlau er ist.
b) Der König ahnt, was der Hofnarr sagen will, aber vor Stottern nicht herausbringt.
c) Der König weiß bereits vom Tod des Pferdes und weiß deshalb, was der Hofnarr sagen will.
d) Der König will sich einen Spaß machen und den Hofnarren erschrecken.

**3.** Vervollständige den folgenden Satz nach den Angaben im Text.

Der Hofnarr sagt, dass es das Schlimmste wäre, dass der König sich selbst ____________________ lassen müsste, weil er gesagt habe, dass sein Leibpferd tot sei.

**4.** Gib an, welche Gefühle der König hat, als ihm der Hofnarr die freche Antwort gibt. Mehrere Antworten sind richtig.

a) Der König ist betrübt über den Verlust seines Pferdes.
b) Der König ist verärgert wegen seiner dummen Ankündigung, den Überbringer der schlechten Nachricht hängen lassen zu wollen.
c) Der König ist beleidigt, weil der Hofnarr schlauer ist als er.
d) Der König ist belustigt über den guten Einfall des Hofnarren.

# Tag der offenen Tür



Heute war es endlich so weit. Über Wochen hatten die Schülerinnen und Schüler den Tag der offenen Tür ihrer Schule vorbereitet, sodass es neben den üblichen Aktivitäten wie Führungen und Infoveranstaltungen auch ein Rahmenprogramm gab, mit dem sich die Schülerinnen und Schüler selbst einbrachten. Neben einem Café und einem großen Büfett gab es auch eine Kunstausstellung mit Werken der Schülerinnen und Schüler sowie ein Quiz, bei dem der Tagessieger einen Gutschein über 100 Euro für ein Sportfachgeschäft gewinnen konnte.
Am frühen Nachmittag führte außerdem die Theater AG ein selbst verfasstes Stück auf.

Tom und Anna, die beide die sechste Klasse besuchten, hatten sich freiwillig gemeldet, um das Quiz eine Stunde zu betreuen. Man musste aus einem Eimer gefaltete Zettel ziehen, die man dann dem Betreuer überreichte.
Der las die Fragen vor und kontrollierte die Antwort. War diese richtig, zog man den nächsten Zettel und so weiter, bis eine Antwort falsch war. Die Zahl der gelösten Zettel wurde notiert. Am Ende gewann derjenige mit den meisten Zetteln. Als Tom und Anna ihre Schicht begannen, lag der Rekord bei sieben Zetteln. Und dabei blieb es, obwohl zwischenzeitlich eine ältere Schülerin einen wirklich guten Start hinlegte, dann aber bei der siebten Frage Pech hatte, die die Hauptstadt von Niger wissen wollte.

„Niamey wäre richtig gewesen“, sagte Anna, nachdem die Schülerin zugegeben hatte, es nicht zu wissen.
„Ich hätte das auch nicht gewusst.“

Nach ihrer Schicht wollten Tom und Anna erst einmal etwas essen und bedienten sich am Büfett, bei dem alles kostenlos war, aber eine Spende erwartet wurde.

„Lass uns nach draußen gehen“, schlug Tom vor, „es ist so schönes Wetter.“

Kaum hatten sie ein nettes Plätzchen auf einer der Bänke im Innenhof gefunden, als ein kleiner Mischlingshund auf Anna zukam und an ihrer Hand zu schnuppern und zu schlecken begann. Anna stellte ihren Teller ab und wollte den Hund streicheln.

Doch genau darauf schien das Tier gewartet zu haben, denn kaum dass der Teller auf der Bank stand, schnappte der Hund sich das kleine kalte Schnitzel, das sich Anna genommen hatte, und verschwand zwischen den Leuten.

Verdutzt blickte Anna dem Tier nach, und Tom lachte: „Der hatte jetzt auch seinen Spaß mit dem Tag der offenen Tür.“

## Leseverstehensaufgaben

**1.** Vervollständige den folgenden Satz nach den Angaben im Text.

Am Tag der offenen Tür gibt es ein Rahmenprogramm sowie ____________________ und Infoveranstaltungen.

**2.** Gib an, aus welchen Angeboten das Rahmenprogramm besteht. Mehrere Antworten sind richtig.

a) Café
b) Tombola
c) Büfett
d) Kunstausstellung
e) Konzert
f) Fußballturnier
g) Waffelstand
h) Theateraufführung
i) Tauschbörse

**3.** Benenne, worin der Hauptpreis bei dem Quiz besteht, das Tom und Anna zeitweise betreuen.

**4.** Vervollständige den folgenden Satz nach den Angaben im Text.

Niamey ist die Hauptstadt der Republik ____________________.

**5.** Benenne, was der Mischlingshund Anna mit seinem Trick mopst.

# Brüder Grimm: Prinzessin Mäusehaut



Ein König hatte drei Töchter; da wollte er wissen, welche ihn am liebsten hätte, ließ sie vor sich kommen und fragte sie. Die älteste sprach, sie habe ihn lieber als das ganze Königreich; die zweite, als alle Edelsteine und Perlen auf der Welt; die dritte aber sagte, sie habe ihn lieber als das Salz. Der König ward aufgebracht, dass sie ihre Liebe zu ihm mit einer so geringen Sache vergleiche, übergab sie einem Diener und befahl, er solle sie in den Wald führen und töten.

Wie sie in den Wald gekommen waren, bat die Prinzessin den Diener um ihr Leben; dieser war ihr treu und würde sie doch nicht getötet haben, er sagte auch, er wolle mit ihr gehen und ganz nach ihren Befehlen tun. Die Prinzessin verlangte aber nichts als ein Kleid aus Mäusehaut, und als er ihr das geholt, wickelte sie sich hinein und ging fort.

Sie ging geradewegs an den Hof eines benachbarten Königs, gab sich für einen Mann aus und bat den König, dass er sie in seine Dienste nehme. Der König sagte zu und sie solle bei ihm als Diener arbeiten. Abends musste sie ihm die Stiefel ausziehen, die warf er ihr allemal an den Kopf. Einmal fragte er, woher sie sei. „Aus dem Lande, wo man den Leuten die Stiefel nicht um den Kopf wirft." Der König wurde da aufmerksam, endlich brachten ihm die andern Diener einen Ring; Mäusehaut habe ihn verloren, der sei zu kostbar, den müsse sie gestohlen haben. Der König ließ Mäusehaut vor sich kommen und fragte, woher der Ring sei. Da konnte sich Mäusehaut nicht länger verbergen, sie wickelte sich von der Mäusehaut los, ihre goldgelben Haare quollen hervor, und sie trat heraus, so schön, dass der König gleich die Krone von seinem Kopf abnahm und ihr aufsetzte und sie für seine Gemahlin erklärte.

Zu der Hochzeit wurde auch der Vater von Mäusehaut eingeladen, der glaubte, seine Tochter sei schon längst tot, und erkannte sie nicht wieder. Auf der Tafel aber waren alle Speisen, die ihm vorgesetzt wurden, ungesalzen, da ward er ärgerlich und sagte: „Ich will lieber nicht leben als solche Speise essen!" Wie er das Wort gesagt hatte, sprach die Königin zu ihm: „Jetzt wollt Ihr nicht leben ohne Salz, und doch habt Ihr mich einmal wollen töten lassen, weil ich sagte, ich hätte Euch lieber als Salz!" Da erkannte er seine Tochter, küsste sie und bat sie um Verzeihung, und es war ihm lieber als sein Königreich und alle Edelsteine der Welt, dass er sie wieder gefunden.

*(In: Brüder Grimm: Kinder- und Hausmärchen. Ausgabe letzter Hand, Hrsg. v. Heinz Rölleke. Band 2. Stuttgart Reclam 1993. S. 474 f. Text orthografisch und stilistisch angepasst)*

# Brüder Grimm: Prinzessin Mäusehaut

**Leseverstehensaufgaben**

**1.** Benenne, mit was die dritte Tochter ihre Liebe zum König vergleicht.

**2.** Nenne den Grund, weshalb der Diener die Tochter nicht wie befohlen tötet.

**3.** Vervollständige den folgenden Satz nach den Angaben im Text.

Der Nachbarskönig befragt Mäusehaut nach ihrer Herkunft, als seine anderen Diener ihm einen kostbaren

______________________ von Mäusehaut bringen.

**4.** Nenne den Grund, aus dem sich die Königstochter zunächst in Mäusehaut eingewickelt hatte.

**5.** Gib an, welche Aussagen über das Märchen richtig sind. Mehrere Antworten sind richtig.

a) Als der Nachbarskönig die Schönheit der Prinzessin erkennt, heiratet er sie.
b) Die Prinzessin lädt ihre Schwestern zur Hochzeit ein.
c) Der Vater von Mäusehaut wird ebenfalls zur Hochzeit eingeladen.
d) Der Vater von Mäusehaut freut sich darauf, seine Tochter wiederzusehen.
e) Der Vater von Mäusehaut erkennt schließlich, wie wertvoll Salz ist, und entschuldigt sich.

# Das merkwürdige Geräusch



Lillys Eltern waren heute in eine Theateraufführung in die Stadt gegangen. Mindestens zehn Mal, ach was, hundert Mal hatten sie Lilly gefragt: „Lilly Mäuschen, es ist doch in Ordnung, wenn wir in das Stück gehen und du allein einschläfst, oder?" Und genauso oft hatte Lilly geantwortet: „Na klar, kein Problem, geht ihr ruhig ins Theater, ich finde mein Bett auch alleine."

Doch je näher der Tag der Aufführung kam, desto öfter musste Lilly daran denken, dass sie allein ins Bett gehen sollte. Natürlich war das alles gar kein Problem. Lillys Eltern hatten die Stadlers zwei Häuser weiter gebeten, für den Notfall bereitzustehen. Die hatten an dem Abend nichts vor und Lilly hatte ihre Nummer im Handy gespeichert. Sie musste nur durchklingeln, dann würde Frau Stadler rüberkommen und nach ihr sehen. Im Notfall. Aber zu einem Notfall würde es ja wohl kaum kommen.

Lilly machte sich nun auf ins Bett. Sie war wie immer im Bad gewesen, hatte den Schlafanzug angezogen und ihr Handy neben das Bett gelegt. Dann war sie unter die Decke gekrochen und hatte das Licht gelöscht. Doch der Schlaf wollte nicht kommen, Lilly war viel zu aufgeregt und immer wieder horchte sie in die Nacht. Eigentlich alles wie immer. Doch plötzlich hörte sie ein merkwürdiges Knallgeräusch. Unwillkürlich verkrampfte alles an ihr. Was das wohl gewesen sein mochte. Angespannt lauschte sie in die Nacht. Doch es blieb still. Lilly hatte trotzdem Angst. Sollte sie Frau Stadler anrufen? Aber für das merkwürdige Geräusch konnte es ja auch eine ganz harmlose Erklärung geben. Eine? Ach was, hunderte Erklärungen.

Und wie Lilly noch darüber nachdachte, ob wohl der Wind etwas umgeweht oder eine Katze etwas umgestoßen hatte, muss sie eingeschlafen sein, denn das Nächste, was sie hörte war, wie ihre Mutter ins Zimmer kam und rief: „Guten Morgen Schatz, aufstehen! Hat gestern alles geklappt?" „Na klar", sagte Lilly, die das merkwürdige Geräusch längst vergessen hatte, „kein Problem!"

# Das merkwürdige Geräusch

**Leseverstehensaufgaben**

**1.** Vervollständige den folgenden Satz nach den Angaben im Text.

Lillys Eltern waren heute in eine Theateraufführung in die ______________________ gegangen.

**2.** Benenne, was Lilly im Notfall tun kann.

**3.** Vervollständige den folgenden Satz nach den Angaben im Text.

Doch der Schlaf wollte nicht kommen, Lilly war viel zu ______________________ und immer wieder horchte sie in die Nacht.

**4.** Benenne, was das Besondere an dem Geräusch ist, das Lilly hört.

**5.** Gib an, welche möglichen Erklärungen über die Geräuschursache gegeben werden. Mehrere Antworten sind richtig.

a) Das Geräusch könnte dadurch entstanden sein, dass der Wind etwas umgeweht hat.
b) Das Geräusch könnte dadurch entstanden sein, dass ein Einbrecher eine Scheibe eingeschlagen hat.
c) Das Geräusch könnte durch einen vom Dach heruntergefallenen Ziegel verursacht worden sein.
d) Das Geräusch könnte durch eine Katze verursacht worden sein, die etwas umgestoßen hat.

**6.** Benenne, wie Lilly schließlich einschläft.

**7.** Benenne, welche Bedeutung das merkwürdige Geräusch am nächsten Tag noch für Lilly hat.

# Oma und Opa Wuttke gehen einkaufen



„Ach", murrte Opa Wuttke, „wir brauchen doch gar nichts!"
„Doch", gab Oma Wuttke zurück, „zumindest brauchen wir Butter. Ich will doch morgen einen Kuchen backen, mit den Äpfeln von Frau Müller, habe ich dir doch gesagt, aber du hast wahrscheinlich wieder nicht zugehört!"
„Natürlich habe ich dir zugehört!", meinte Opa Wuttke. „Und außerdem habe ich ja schließlich die Äpfel von Frau Müller abgeholt."

Wie jeden Samstag gingen Oma und Opa Wuttke einkaufen. Dieses Mal bei „Gutkauf Meier", die heute 25-jähriges Geschäftsjubiläum feierten und deshalb mit zahlreichen Sonderangeboten geworben hatten.
„Schau da!", rief denn auch Oma Wuttke ihrem Mann gleich zu, nachdem sie „Gutkauf Meier" betreten hatten, „Das Waschmittel ist 25 Prozent billiger!"
„Haben wir nicht letzte Woche schon Waschmittel gekauft?", wollte Opa Wuttke wissen.
„Ja", meinte Oma Wuttke, „aber Waschmittel wird ja nicht schlecht. Da sparen wir doch!"
Missmutig packte Opa Wuttke eine Box Waschmittel in den Wagen, als Oma Wuttke schon beim nächsten Sonderangebot stand.

„Drei Päckchen Kaffee minus 25 Prozent", sagte Oma Wuttke anerkennend.
„Aber wir trinken doch Tee!", sagte Opa Wuttke.
„Wir schon", stimmte Oma Wuttke zu, „aber wenn Frau Müller zu Besuch kommt, nimmt die gerne einen Kaffee."
„Aber dafür drei Päckchen?"
„Papperlapapp!", sagte Oma Wuttke und packte den Kaffee in den Wagen.

Und so sparte Oma Wuttke fleißig weiter und kaufte sechs Großpackungen Haferflocken, ein Dutzend Büchsen Tomaten, acht Rollen Küchenpapier, einen Eimer mit Orangen und sechs Kilo Zucker.

„Alles minus 25 Prozent!", meinte Oma Wuttke jedes Mal.
„Jetzt haben wir gar kein Geld mehr", rief Oma Wuttke am Ende begeistert, „so viel haben wir gespart!"
„Wenn ich denke", murrte Opa Wuttke, „dass wir nur ein Päckchen Butter kaufen wollten!"
„Mist", sagte Oma Wuttke, „die Butter. Die hab' ich jetzt vergessen."

# Oma und Opa Wuttke gehen einkaufen

**Leseverstehensaufgaben**

**1.** Nenne den Wochentag, an dem die Geschichte spielt.

**2.** Gib an, in welchem Geschäft Oma und Opa Wuttke einkaufen.
a) Frischkauf Müller
b) Nahkauf Schmidt
c) Gutkauf Meier
d) Schnellkauf Huber

**3.** Vervollständige den folgenden Satz nach den Angaben im Text.

Weil das Geschäft ein 25-jähriges Geschäftsjubiläum feiert, gibt es viele Produkte 25  billiger.

**4.** Benenne, wie Oma Wuttke auf die vielen Sonderangebote im Geschäft reagiert.

**5.** Gib wieder, wie die Geschichte ausgeht, und erkläre, warum das Ende komisch ist.

# Alles wird gut



Ceyda war gerade auf dem Nachhauseweg von ihrem Handballtraining, als sie etwa fünfzig Meter vor sich eine alte Dame stürzen sah. Einfach eingeknickt war sie, als ob die Knie nicht mehr funktionieren würden, und dann nach vorne gefallen.
Ceyda blickte sich um. In dem Wohngebiet war um diese Nachmittagszeit niemand sonst auf der Straße. Und so rannte Ceyda los zu der immer noch am Boden liegenden Frau. Als sie ankam, sah sie, dass die Frau sich am Kopf verletzt hatte und leicht aus einer Wunde blutete, auch an den Händen hatte sie Abschürfungen. Ceyda wusste nicht, was sie tun sollte. Beruhigend sprach sie auf die Dame ein: „Alles wird gut, ich bin jetzt bei Ihnen“, sagte sie, obwohl sie natürlich überhaupt nicht wusste, ob wirklich alles gut würde. Doch die Dame sah sie nur mit verdattertem Blick an.

„Können Sie aufstehen?“, fragte Ceyda.
„Oh Gott, oh Gott!“, stammelte die Frau und schüttelte den Kopf.

Noch einmal blickte sich Ceyda um, und rief, als sie immer noch niemanden sah, kurz entschlossen den Notruf an. Nachdem sie ihren Standort durchgegeben und die Situation der gestürzten Frau kurz geschildert hatte, wandte sie sich wieder der Dame zu.

„Alles wird gut, gleich kommt Hilfe. Bleiben Sie einfach liegen. Gleich kommt ein Krankenwagen. Alles wird gut, keine Sorge, gleich kommt jemand.“
Immer wieder sagte Ceyda das Gleiche, redete pausenlos auf die Dame ein, bis endlich eine weitere Frau, so um die 40 Jahre alt, hinzukam und rief: „Mensch, Frau Reimann, was machen denn Sie für Sachen?!“
„Ich habe den Notarzt schon angerufen“, sagte Ceyda und kaum hatte sie ihren Satz beendetet, als auch schon das Martinshorn zu hören war und rasch immer lauter wurde. Kurz darauf kümmerten sich eine Notärztin und ein Sanitäter um die gestürzte Frau.

„Ein Glück“, sagte Ceyda zu der Frau mittleren Alters, „dass endlich jemand da war. Ich habe die ganze Zeit nur auf die Dame eingeredet und ihr immer wieder gesagt, dass alles gut wird.“
„Das wird es ja jetzt sicher auch. Und dass du bei Frau Reimann warst und ihr gut zugeredet hast, war ihr sicher schon eine große Hilfe!“

## Leseverstehensaufgaben

1. Nenne den Grund, aus dem Ceyda sich in dem Wohngebiet befindet.

2. Beschreibe, wie und warum sich der Sturz der älteren Dame laut Text ereignet.

3. Gib an, welche Aussagen laut Geschichte richtig sind. Mehrere Antworten sind richtig.
   a) Die ältere Dame hat nach dem Sturz eine blutende Kopfwunde.
   b) Die ältere Dame hat sich die Kniegelenke gebrochen.
   c) Die ältere Dame hat Schürfwunden am Kopf.
   d) Die ältere Dame hat Schürfwunden an den Händen.

4. Erläutere, warum sich Ceyda entschließt, einen Krankenwagen zu rufen.

5. Vervollständige den folgenden Satz nach den Angaben im Text.

   Ceyda redete ______________________ auf die Dame ein, bis endlich eine weitere Frau, so um die 40 Jahre alt, hinzukam.

6. Benenne, wie die Frau mittleren Alters Ceydas Verhalten bewertet.

# Johann Peter Hebel: Der kluge Sultan



Als der Großsultan der Türken an einem Freitag in die Moschee gehen wollte, kam ihm einer seiner Untertanen entgegen, ein armer Mann mit schmutzigem Bart, zerfetztem Rock und durchlöcherten Pantoffeln. Dieser arme Teufel schlug ehrerbietig und kreuzweise die Arme übereinander und sagte: „Glaubst du auch, großmächtiger Sultan, was der Prophet sagt?"

Der Sultan, der ein gütiger Herr war, sagte: „Ja, ich glaube, was der Prophet sagt."

Der arme Mann fuhr fort: „Der Prophet sagt im Koran: Alle Muslime sind Brüder. Herr Bruder, bitte sei so gut und teile mit mir dein großes Erbe."

Zu dieser Rede lächelte der Sultan und dachte bei sich: Das ist eine neue Art zu betteln. Aber er gibt dem armen Mann einen Taler.

Der arme Teufel beschaute das Geldstück lang auf der einen Seite und auf der anderen Seite. Am Ende schüttelte er den Kopf und sagte: „Herr Bruder, wie komme ich zu einem schäbigen Taler, da du doch mehr Silber und Gold hast, als hundert Esel tragen können? Meinen Kindern daheim werden vor Hunger die Nägel blau und mir wird nächstens der Mund ganz zusammenwachsen. Ist das gerecht geteilt mit einem Bruder?"

Der gütige Sultan aber hob warnend den Finger in die Höhe und sagte: „Herr Bruder, sei zufrieden und sage ja niemand, wieviel ich dir gegeben habe, denn unsere Familie ist groß. Und wenn unsere anderen Brüder alle auch kommen und ihr Erbteil von mir verlangen, dann wird es nicht reichen, und du musst noch herausgeben."

Das begriff der arme Herr Bruder, ging zum Bäckermeister und kaufte ein kleines Brot für seine Kinder. Der Sultan aber begab sich in die Moschee und verrichtete sein Gebet.

*(zitiert nach: http://hausen.pcom.de/jphebel/geschichten/der%20kluge%20sultan.htm (abgerufen am 02.05.2023); Text orthografisch und stilistisch angepasst)*

# Johann Peter Hebel: Der kluge Sultan

**Leseverstehensaufgaben**

**1.** Vervollständige den folgenden Satz nach den Angaben im Text.

Der arme Mann spricht den Großsultan der Türken an, als dieser an einem Freitag in die ______________________ gehen wollte.

**2.** Gib an, welche Aussage über das Aussehen des armen Mannes laut Geschichte nicht (!) richtig ist.

a) Der arme Mann hat einen schmutzigen Bart.
b) Der arme Mann trägt einen zerfetzten Rock.
c) Der arme Mann trägt einen löchrigen Hut.
d) Der arme Mann trägt durchlöcherte Pantoffeln.

**3.** Gib an, warum der arme Mann den Großsultan als „Bruder" anspricht. Mehrere Antworten sind richtig.

a) Laut Koran sind alle Muslime Brüder.
b) Der arme Mann und der Sultan haben denselben Vater.
c) Der arme Mann und der Sultan kennen sich schon lange und stehen zueinander wie Brüder.
d) Der arme Mann möchte einen Anteil am Erbe des Sultans.

**4.** Erläutere, warum der arme Mann mit einem Taler zunächst nicht zufrieden ist.

**5.** Vervollständige den folgenden Satz nach den Angaben im Text.

Der Sultan sagte warnend: „Unsere Familie ist groß. Wenn unsere anderen Brüder alle auch kommen, und ihr Erbteil von mir verlangen, dann musst du noch ______________________."

# Der Streit

ERZÄHLTEXT 11

LEICHT BIS MITTEL

Natürlich hatte sich Liam geärgert, als sich Theo heute im Sportunterricht wie selbstverständlich den Ball geschnappt hatte und den Elfmeter für ihr Team schießen wollte. „Wo steht eigentlich, dass du immer die Elfer schießt?“, hatte Theo seinem Freund Liam erhitzt zugerufen. „Immer drängst du dich in den Mittelpunkt. Spinnst du, oder was?“

Nun, ein Wort hatte dann das andere gegeben, und am Ende musste sogar der Sportlehrer einschreiten, so laut hatten sich die beiden gefetzt, und hatte die beiden vorzeitig zum Duschen geschickt. In der Umkleide waren sich die beiden dann so gut es ging aus dem Weg gegangen und hatten sich schließlich auf den Heimweg gemacht.

„Ach, Mist!“, sagte Liam nun zu sich selbst, der gerade über seinen Hausaufgaben saß, sich aber nicht richtig konzentrieren konnte. Immer wieder musste er an seinen Streit mit Theo denken. Natürlich tat es ihm leid, dass er Theo beleidigt hatte, aber es war doch auch wahr, sagte Liam sich: „Immer will Theo im Mittelpunkt stehen. Immer drängelt er sich vor!“

Und so wandte sich Liam wieder seinen Hausaufgaben zu, spielte später noch mit seinem kleinen Bruder ein bisschen Tischfußball und hatte nach dem Abendessen den Streit mit Theo schon fast wieder vergessen.
Erst auf seinem Zimmer dachte er wieder daran, wie er sich da in seine Wut hineingesteigert hatte. Es stimmte schon: Theo drängt sich immer nach vorne, und das würde er ihm bald auch einmal ganz ruhig sagen. Aber das war natürlich kein Grund, ihn so anzumachen und zu beleidigen. Morgen, nahm sich Liam vor, würde er sich gleich vor Schulbeginn bei Theo entschuldigen. Und so konnte Liam dann auch ganz gut schlafen.

Als Liam am nächsten Morgen Theo vor dem Schulhof an seinem Fahrrad sah, ging Liam sofort auf seinen Freund zu. Dieser sah verlegen zu Boden. Und als Liam bei ihm war, sagte er: „Es tut mir leid, Liam, ich versteh‘ deine Wut. Ich denke oft wirklich nur an mich!“

„Mir tut es auch leid, Theo!“, erwiderte Liam schuldbewusst. „Ich hätte dich nicht so anschreien und beschimpfen dürfen! Ich hätte halt selbst gerne den Elfer geschossen.“

„Klar!“, sagte Theo. „Und weißt du, was das Blödeste ist? Am Ende hat ihn Matteo verschossen!“

# Der Streit

**Leseverstehensaufgaben**

**1.** Vervollständige den folgenden Satz nach den Angaben im Text.

Liam wurde wütend, weil Theo sich im Sportunterricht vorgedrängelt hatte und einen ______________________ für sein Team unbedingt schießen wollte.

**2.** Erkläre, was mit der Formulierung „hatte dann ein Wort das andere gegeben“ gemeint ist.

**3.** Benenne, wie der Sportlehrer den Streit beendet.

**4.** Gib an, was Liam am Nachmittag nach dem Streit nicht (!) tut.
a) Liam macht Hausaufgaben.
b) Liam spielt mit seinem Bruder Tischfußball.
c) Liam telefoniert mit seiner Tante Anke.
d) Liam isst zu Abend.

**5.** Erkläre, warum sich Liam bei Theo entschuldigt.

**6.** Erkläre, warum die Geschichte auch lustig endet.

# Keine Freundschaft





„Sonst bist du nicht mehr meine Freundin!“, hatte Sonja gesagt. Anna krampfte der Magen zusammen. In wenigen Minuten begann der 800-Meter-Lauf, über den sich die Gewinnerin für die Landesmeisterschaften qualifizieren konnte. Und Sonja hatte von Anna verlangt, sie gewinnen zu lassen. „Du bist eh schon für die Landesmeisterschaften qualifiziert!“, hatte sie gesagt. „Du bist so gut, dich nimmt der Trainer auf jeden Fall mit. Und wenn du mich heute gewinnen lässt, kann ich auch mit. Du musst mich gewinnen lassen, Anna. Sonst bist du nicht mehr meine Freundin!“

Natürlich, es stimmte schon. Anna war so gut, dass sie die Qualifikationszeit schon mehrfach weit unterboten hatte. Wegen eines schlechten Rennens würde der Trainer sie sicher nicht aus dem Kader nehmen. Gleichzeitig konnte er aber auch Sonja die Teilnahme an den Landesmeisterschaften nicht verwehren, wenn sie das Rennen gewinnen und Bezirksmeisterin werden würde. Aber sollte Anna Sonja deshalb einfach gewinnen lassen?

Jetzt wurden die Läuferinnen zum Start gerufen und alle versammelten sich hinter den Startblöcken. Da war auch Sonja. Verschwörerisch blinzelte sie Anna zu, der es erneut den Magen verkrampfte. Sie fühlte sich schlecht. Wenn es ihr nicht gelang, den Kopf freizubekommen, würde sie sowieso nicht gewinnen, fürchtete sie.

Der Startschuss fiel und das Feld setzte sich geschlossen in Bewegung. Sonja hatte sich an die Spitze gesetzt und Anna lief in ihrem Windschatten. Locker, wie sie fand. Der Magenkrampf war weg.

Langsam dehnte sich das Feld. Sonja lief noch immer an der Spitze, gefolgt von Anna. Jetzt müsste sie nur noch so zu Ende laufen und alles wäre gut. Sonja würde gewinnen und sie beide würden nächsten Monat zu den Landesmeisterschaften fahren. Doch wäre wirklich alles gut? Ist das Freundschaft, wenn einer den anderen mit der Beziehung erpresst? Anna wurde immer lockerer. Die ersten 400 Meter waren geschafft. Noch immer war die Reihenfolge auf den vorderen Plätzen im Feld unverändert. Nein, in einer echten Freundschaft hätte sich Sonja mit ihren Wünschen Anna anvertraut und um Hilfe vielleicht gebeten, aber sie nicht erpresst. Das war keine Freundschaft, sagte Anna zu sich selbst und wurde auf einmal wütend. Was sich Sonja einbildete! Und damit setzte sie zu einem frühen Endspurt an, überlief Sonja und flog fast Richtung Ziel. Mit weitem Abstand vor den anderen gewann sie das Rennen.

Als Sonja im Ziel ankam und wütend zu Anna blickte, sagte Anna nur: „Leider waren wir keine echten Freunde.“

**Leseverstehensaufgaben**

**1.** Vervollständige den folgenden Satz nach den Angaben im Text.

Der Sieg beim 800-Meter-Lauf ist die Voraussetzung, um sicher an den ______________________ teilnehmen zu können.

**2.** Gib an, welche Aussagen laut Geschichte richtig sind. Mehrere Antworten sind richtig.

a) Anna ist eine so gute Läuferin, dass der Trainer sie auch ohne Sieg in diesem Rennen mit zu den Landesmeisterschaften nehmen würde.
b) Sonja bittet Anna, sie gewinnen lassen, weil sie sich verletzt hat und deshalb nicht richtig trainieren konnte.
c) Sonja hat sich nur aus Berechnung mit Anna angefreundet.
d) Anna überlegt ernsthaft, ob sie Sonja gewinnen lassen soll.

**3.** Erkläre, warum Anna zwischenzeitlich fürchtet, das Rennen wirklich nicht zu gewinnen.

**4.** Erkläre, warum Anna schließlich Sonja doch nicht gewinnen lässt.

# *Mira Maxima die Supermaus*

ERZÄHLTEXT 13

LEICHT BIS MITTEL

Man hat es wirklich nicht leicht, auch und gerade als Supermaus nicht. Aber vielleicht stelle ich mich erst einmal vor. Mein Name ist Mira, Mira Maxima. Ich wohne bei einer Bauernfamilie auf einem großen Hof, direkt bei der Küche. Praktisches Plätzchen dort, kann ich euch sagen. Und ich bin eine Supermaus, das heißt eine Maus mit Superkräften. Und einem Superhunger. Und beides zusammen wird zum Problem.
Fangen wir mit dem Hunger an. Weil ich meine Superkräfte versorgen muss, brauche ich viel zu essen. Und weil ich viel essen muss, mopse ich mir entsprechend viel in der Speisekammer meiner Bauern. Versteht ihr, normale Mäuse nehmen sich vielleicht ein Eckchen Käse oder einen Bissen Schinken. Und ich nehme halt gleich den ganzen Käse und den ganzen Schinken. Das fällt natürlich auf. Zuerst haben sie Fallen aufgestellt, um mich zu fangen. Aber ich bin ja nicht dämlich. Abgesehen davon würden mich die läppischen Schlagbügel ohnehin nur kitzeln.

Also haben meine Bauern immer wieder Kater angeschafft, die sie extra nicht füttern, damit sie noch wilder auf Mäusejagd gehen. Auf die Jagd nach mir, heißt das. Ich erinnere mich noch gut an den ersten Kater, den sie angeschleppt haben. Der hatte mich schon nach kurzer Zeit gewittert und tigerte immer wieder vor meinem Mäuseloch auf und ab. Bis es mir zu bunt wurde.

„Hör mal", habe ich zu ihm gesagt, „es ist besser, du gehst jetzt!", habe ich ihm freundlich erklärt. Aber was macht der? Grinst mich an und meint: „Ich bin Kater Murr und werde dich fressen, du freches Ding."

Dann schlägt er mit seiner Tatze nach mir, um mich zu fangen. Ich habe ihn natürlich sofort gepackt und kräftig in den Fußballen gebissen. Hihi, der hat so geheult, dass sogar die Bauersleute wach geworden sind. Doch bevor die in der Küche waren, hatte ich Murr schon gegen die Wand geschleudert und ihm freundlich mit auf seinen weiteren Lebensweg gegeben: „Wenn ich dich noch einmal erwische oder irgendetwas Schlechtes von anderen Mäusen über dich höre, mache ich Mäusefutter aus dir, verstanden!" Und als die Bauern in Küche kamen, war Murr schon über alle Berge und ich in meinem Loch.

Viele weitere Kater folgten, aber es lief jedes Mal so ähnlich. Doch mittlerweile scheint sich unter den Katzen herumgesprochen zu haben, dass sie auf meinem Bauernhof am besten einen großen Bogen um die Küche machen, sodass ich seit einiger Zeit Ruhe vor diesen dummen Katzen habe. Allerdings fangen meine Bauern nun damit an, ihr Essen täglich einzukaufen und sofort zu verbrauchen. Man hat es wirklich nicht leicht.

# Mira Maxima die Supermaus

**Leseverstehensaufgaben**

**1.** Benenne, wo genau Mira Maxima wohnt.

**2.** Vervollständige den folgenden Satz nach den Angaben im Text.

Mira Maxima hat nicht nur Superkräfte, sondern auch einen Superhunger und beides zusammen ist ein

__________________________ .

**3.** Benenne, was die Bauersfamilie als Erstes unternommen hat, nachdem sie die Diebstähle der Maus entdeckt hat.

**4.** Gib an, was Mira laut Geschichte alles gemacht hat. Mehrere Antworten sind richtig.

a) Mira hat den Kater in den Fußballen gebissen.
b) Mira hat dem Kater die Ohren umgedreht.
c) Mira dem Kater Schnurrbarthaare ausgerissen.
d) Mira hat den Kater gegen die Wand geschleudert.

**5.** Erläutere, wie die Bauersfamilie zuletzt auf die Diebstähle aus der Speisekammer reagiert.

# *Opa Wuttke geht essen*



Wie jeden Mittwoch, wenn seine Frau bei ihrer Schwester war, ging Opa Wuttke auch heute im Restaurant des Kaufhauses essen. Doch kaum war er angekommen, bemerkte er, dass er seine Lesebrille auf dem Wohnzimmertisch hatte liegen lassen. „Ach, egal“, sagte Opa Wuttke zu sich selbst, „ich nehme einfach das Tagesmenü, da brauche ich die Karte erst gar nicht zu lesen.“

Doch leider bestand der erste Gang des Tagesmenüs aus einer unangenehmen Überraschung: Tomatensuppe. „So ein Pech“, rief Opa Wuttke enttäuscht, als er die Suppe gekostet hatte, „unter all den guten Suppen auf der Welt steht heute ausgerechnet Tomatensuppe auf der Karte.“ Opa Wuttke hasste Tomatensuppe. Und so schob er den Teller verärgert zur Seite. Allerdings so heftig, dass der Teller samt der ganzen Tomatensuppe zu Boden fiel. Vor Schreck stand Opa Wuttke auf, stieß dabei aber an den Tisch, sodass sein Mineralwasser ihm direkt über die Hose lief.

„Herrje“, rief Opa Wuttke entsetzt und auch ein bisschen peinlich berührt, da ihn schon alle Gäste des Restaurants neugierig ansahen.
„Alles kein Problem“, rief da schon ein Kellner, der mit einem Lappen in der Hand angelaufen kam.
„Ich bin mal eben auf dem WC“, rief Opa Wuttke dem Kellner zu, „ich muss meine Hose trocknen.“

Und so kam es, dass Opa Wuttke in Unterhosen mit seiner Cordhose in der Hand vor dem Händetrockner stand und versuchte, seine Hose zu trocknen. Plötzlich schreckte ihn ein schriller Schrei auf.

„Auf der Damentoilette steht ein Mann in Unterhose!“, hörte er eine ältere Dame aufgeregt ins Restaurant rufen. Opa Wuttke, dem die Verwechslung der Toiletten natürlich äußerst peinlich war, drehte sich um und wollte eben der Dame nachlaufen, wurde aber von einem herbeieilenden Kellner gerade noch zurückgehalten, bevor Opa Wuttke in Unterhose ins Restaurant stürmen konnte. „Ich muss schon sagen, mein Herr!“, rief der Kellner.
Opa Wuttke wollte sich schon entschuldigen, als er plötzlich innehielt. Was roch denn da so? Er hatte vorhin seine Hose im Händetrockner vergessen und die begann jetzt schon zu qualmen. Panisch stürzte Opa Wuttke zum Händetrockner und riss seine qualmende Hose heraus.
„Dürfen wir Ihnen eine neue Hose aus der Herrenabteilung und dann eine neue Suppe bringen, mein Herr?“, fragte der Kellner mit einem breiten Grinsen im Gesicht.

# *Opa Wuttke geht essen*

**Leseverstehensaufgaben**

**1.** Nenne den Grund, aus dem Opa Wuttke heute im Kaufhausrestaurant essen gehen will.

**2.** Vervollständige den folgenden Satz nach den Angaben im Text.

Weil Opa Wuttke seine ______________________ vergessen hat, bestellt er einfach das Tagesmenü.

**3.** Nenne die Art von Suppe, die Opa Wuttke serviert bekommt und die er nicht ausstehen kann.

**4.** Gib wieder, welche Ereigniskette dazu führt, dass Opa Wuttkes Hose nass wird.

**5.** Erläutere, wie es dazu kommt, dass Opa Wuttke schließlich in Unterhose in der Damentoilette steht.

**6.** Vervollständige den folgenden Satz nach den Angaben im Text.

Weil Opa Wuttke seine Hose im Händetrocknen vergessen hat, fängt diese an zu ______________________.

**7.** Beschreibe, wie der Kellner auf die ganzen Missgeschicke reagiert.

# Der Rattenfänger von Hameln



Im Jahr 1284 ließ sich in Hameln ein wunderlicher Mann sehen, der sich für einen Rattenfänger ausgab und versprach, gegen ein gewisses Geld die Stadt von allen Mäusen und Ratten zu befreien. Die Bürger wurden mit ihm einig und versicherten ihm einen bestimmten Lohn.

Der Rattenfänger zog danach ein Pfeifchen heraus und pfiff, da kamen die Ratten und Mäuse aus allen Häusern hervorgekrochen und sammelten sich um ihn herum. Als er nun meinte, es wäre keine mehr da, ging er hinaus, und der ganze Haufen folgte ihm. Und so führte er sie an die Weser; dort schürzte er seine Kleider und trat in das Wasser, worauf ihm alle Tiere folgten und ertranken. Nachdem die Bürger aber von ihrer Plage befreit waren, reute sie der versprochene Lohn, und sie verweigerten ihn dem Mann unter allerlei Ausflüchten, sodass er zornig und erbittert wegging.

Am 26. Juni auf Johannis- und Paulitag, morgens früh sieben Uhr, erschien er wieder, jetzt in Gestalt eines Jägers, erschrecklichen Angesichts, mit einem roten, wunderlichen Hut, und ließ seine Pfeife in den Gassen hören. Alsbald kamen diesmal nicht Ratten und Mäuse, sondern Kinder, Knaben und Mädchen vom vierten Jahr an in großer Anzahl gelaufen, worunter auch die schon erwachsene Tochter des Bürgermeisters war. Der ganze Schwarm folgte ihm nach, und er führte sie hinaus in einen Berg, wo er mit ihnen verschwand. Dies hatte ein Kindermädchen gesehen, welches mit einem Kind auf dem Arm von fern nachgezogen war, danach umkehrte und das Gerücht in die Stadt brachte.

Die Eltern liefen haufenweise vor alle Tore und suchten mit betrübtem Herzen ihre Kinder. Von Stund an wurden Boten zu Wasser und Land an alle Orte herumgeschickt, zu erkunden, ob man die Kinder oder auch nur etliche gesehen, aber alles vergeblich. Es waren im Ganzen hundertdreißig verloren.

Der Berg bei Hameln, wo die Kinder verschwanden, heißt der Poppenberg (der auch Koppenberg genannt wurde), wo links und rechts zwei Steine in Kreuzform aufgerichtet worden sind. Einige sagen, die Kinder wären in eine Höhle geführt worden und in Siebenbürgen wieder herausgekommen.

Die Bürger von Hameln haben die Begebenheit in ihr Stadtbuch einzeichnen lassen und pflegten in ihren Ausschreibungen nach dem Verlust ihrer Kinder Jahr und Tag zu zählen.

*(nach den Brüdern Grimm (https://de.wikisource.org/wiki/Die_Kinder_zu_Hameln); Text gekürzt sowie orthografisch und stilistisch angepasst)*

# Der Rattenfänger von Hameln

**Leseverstehensaufgaben**

1. Benenne, in welcher Stadt das erzählte Geschehen spielt.

2. Gib an, in welchem Jahr sich das Geschehen ereignet hat.
   a) 1284  b) 1428  c) 1824

3. Gib an, was der Mann tut, damit ihm alle Ratten und Mäuse folgen.
   a) Er pfiff ein Lied.  b) Er spielte Leier.  c) Er pfiff auf einer Pfeife.

4. Gib an, wie der Fluss heißt, zu dem der Mann die Ratten und Mäuse führt.

5. Stelle dar, was der Rattenfänger tut, damit die Tiere sterben.

6. Benenne, warum die Bürger der Stadt den versprochenen Lohn verweigern.

7. Benenne, wer das Verschwinden der Kinder gesehen und in der Stadt davon berichtet hat.

8. Gib an, wie viele Kinder der Mann verschwinden ließ.
   a) 30  b) 103  c) 130

9. Erkläre, warum die Bürger Hamelns künftig die Jahre und Tage nach diesem Ereignis zählten.

# Johann Peter Hebel: Der kluge Richter



Ein reicher Mann hatte eine beträchtliche Geldsumme, welche in ein Tuch eingenäht war, aus Unvorsichtigkeit verloren. Er machte daher seinen Verlust bekannt und bot, wie man zu tun pflegt, dem ehrlichen Finder eine Belohnung, und zwar von hundert Talern, an. Da kam bald ein guter und ehrlicher Mann dahergegangen. „Dein Geld habe ich gefunden. Dies wird's wohl sein! So nimm dein Eigentum zurück!" So sprach er mit dem heiteren Blick eines ehrlichen Mannes und eines guten Gewissens, und das war schön. Der andere machte auch ein fröhliches Gesicht, aber nur, weil er sein verloren geschätztes Geld wiederhatte. Denn wie es um seine Ehrlichkeit aussah, das wird sich bald zeigen. Er zählte das Geld und dachte unterdessen geschwinde nach, wie er den treuen Finder um seine versprochene Belohnung bringen könnte.
„Guter Freund", sprach er hierauf, „es waren eigentlich 800 Taler in dem Tuch eingenäht. Ich finde aber nur noch 700 Taler. Ihr werdet also wohl eine Naht aufgetrennt und Eure 100 Taler Belohnung schon herausgenommen haben. Da habt Ihr wohl daran getan. Ich danke Euch." Das war nicht schön. Aber wir sind auch noch nicht am Ende. Ehrlich währt am längsten und Unrecht schlägt seinen eigenen Herrn. Der ehrliche Finder, dem es weniger um die 100 Taler als um seine unbescholtene Rechtschaffenheit zu tun war, versicherte, dass er das Päcklein so gefunden habe, wie er es bringe, und es so bringe, wie er's gefunden habe. Am Ende kamen sie vor den Richter. Beide bestanden auch hier noch auf ihrer Behauptung, der eine, dass 800 Taler seien eingenäht gewesen, der andere, dass er von dem Gefundenen nichts genommen und das Päcklein nicht versehrt habe. Da war guter Rat teuer.
Aber der kluge Richter, der die Ehrlichkeit des einen und die schlechte Gesinnung des andern im Voraus zu kennen schien, griff die Sache so an: Er ließ sich von beiden über das, was sie aussagten, eine feste und feierliche Versicherung geben und tat hierauf folgenden Ausspruch: „Demnach, und wenn der eine von euch 800 Taler verloren, der andere aber nur ein Päcklein mit 700 Talern gefunden hat, so kann auch das Geld des Letzteren nicht das nämliche sein, auf welches der erstere ein Recht hat. Du, ehrlicher Freund, nimmst also das Geld, welches du gefunden hast, wieder zurück und behältst es in guter Verwahrung, bis der kommt, welcher nur 700 Taler verloren hat. Und dir da weiß ich keinen anderen Rat, als du geduldest dich, bis derjenige sich meldet, der deine 800 Taler findet." So sprach der Richter, und dabei blieb es.

*(J. P. Hebel. Erzählungen des Rheinländischen Hausfreundes. Vermischte Schriften. Hrsg. von E. Meckel. Frankfurt: Insel 1968. S. 17; Text orthografisch und stilistisch leicht modifiziert.)*

# Johann Peter Hebel: Der kluge Richter

**Leseverstehensaufgaben**

**1.** Vervollständige den folgenden Satz nach den Angaben im Text.

Ein reicher Mann hatte eine beträchtliche Geldsumme, welche in ein Tuch eingenäht war,

aus ______________________ verloren.

**2.** Gib an, wieviel Geld der reiche Mann in Wahrheit verloren hat.
a) 100 Taler b) 700 Taler c) 800 Taler

**3.** Gib an, wieviel Geld der reiche Mann behauptet verloren zu haben.
a) 100 Taler b) 700 Taler c) 800 Taler

**4.** Beschreibe kurz, wie der Richter den Fall löst.

**5.** Erkläre, inwiefern die Geschichte die Sprichwörter „Ehrlich währt am längsten und Unrecht schlägt seinen eigenen Herrn." belegt.

# Lampenfieber



Jetzt war Karim bald dran. Immer noch war er ziemlich nervös wegen seines Referats, das er gleich über Honigbienen halten sollte. Natürlich war er gut vorbreitet, aber trotzdem: Das Lampenfieber blieb.

Vor zwei Tagen hatte Karim seine große Schwester Eden wegen des Lampenfiebers um Rat gefragt.

„Du musst einfach wissen, was du sagen willst", hatte sie gesagt.

„Sehr witzig!", hatte Karim zunächst verärgert zurückgegeben. „Soll ich den ganzen Text vielleicht auswendig lernen?"

„Nein, nein", hatte Eden erwidert, „so meine ich das ja gar nicht. Ich meine: Du muss eine ganz klare Vorstellung davon haben, welche Inhalte oder Botschaften du vermitteln willst. Was ist dir wichtig? Was müssen die Leute wissen? Und wenn du diese Inhalte klar im Blick hast, kommst du nicht mehr so leicht aus dem Konzept."

Karim schluckte und rieb sich seine feuchten Hände. „Klar", sagte er zu sich selbst, „was ich über die Bienen sagen will, weiß ich ja wirklich. Faszinierende Tiere, das muss rüberkommen." Aber Lampenfieber hatte er immer noch.

„Für alle Fälle", hatte Eden vor zwei Tagen auch noch gesagt, „kannst du ja noch die ersten zwei, drei Sätze vorformulieren und auswendig lernen."

Auch das hatte Karim gemacht: „Wisst ihr eigentlich, wie lange Bienen für nur einen Teelöffel Honig arbeiten müssen?" Genau so wollte und würde er in sein Referat einleiten.

„Und außerdem", hatte Eden ihm in ihrem Gespräch mitgegeben, „ist ein bisschen Lampenfieber auch ganz gut. Das sorgt dafür, dass du konzentriert bleibst. Auf die Zuhörer wirkst du am Ende sowieso cooler, als du das selbst glaubst."

Und so begann Karim dann schließlich mit feuchten Händen und leicht brüchiger Stimme: „Wisst ihr eigentlich, wie lange Bienen für …", und sprach immer weiter, wobei er selbst nicht immer hörte, was er sagte.

Doch Eden hatte Recht gehabt. Tatsächlich bekam er am Ende einen kräftigen Applaus. Das Lampenfieber hatte also gar nicht geschadet, ja, vielleicht sogar geholfen!

## Leseverstehensaufgaben

**1.** Benenne das Thema von Karims Referat.

**2.** Erläutere die Zeitverhältnisse in der Geschichte:
a) In welcher Situation befindet sich Karim aktuell?
b) Wann hat das Gespräch mit Eden stattgefunden?

**3.** Gib an, welche Ratschläge und Hinweise Eden ihrem jüngeren Bruder Karim gibt. Mehrere Antworten sind richtig.
a) Man soll das Referat vorher ausformulieren und wörtlich auswendig lernen.
b) Man muss eine klare Idee davon haben, welche wichtigen Inhalte man vermitteln will.
c) Man kann Lampenfieber auch als Hilfe verstehen, die dafür sorgt, dass man konzentriert bleibt.
d) Man sollte kurz vor dem Referat unbedingt etwas Süßes essen, weil das die Nerven beruhigt.
e) Man muss sich klarmachen, dass man auf die Zuhörer cooler wirkt, als man denkt.

**4.** Benenne, wie sich Karims Lampenfieber körperlich bemerkbar macht.

**5.** Benenne, wie Karim in das Referat einleitet und bewerte die Einleitung.

# Oma Wuttke räumt auf



Oma Wuttke stellte ihr Frühstücksgeschirr in die Spüle und sagte zu sich selbst: „So, dann wollen wir mal wieder!“ Heute war Samstag und der Gehweg vor dem Haus musste gefegt und das Treppenhaus gewischt werden.
Also machte sich Oma Wuttke an die Arbeit. Wie gewöhnlich begann sie mit dem Gehweg. Doch kaum hatte sie die Haustür geöffnet, erblickte sie einen grauen Kasten, der wie eine zu klein geratene Waschmaschine aussah.

„Nicht schon wieder!“, rief sie verärgert.
„Hallo, Frau Wuttke“, grüßte sie ihre Nachbarin, „hat schon wieder jemand Müll rausgestellt?“
„Tag, Frau Meier. Da sehen Sie es ja. Was die Leute nicht alles auf die Straße stellen und zum Mitnehmen anbieten. Als ob diesen Müll jemand will! Nur zu faul sind die Leute, um zum Recyclinghof zu fahren. Und ich arme, alte Frau muss dann den Müll wegräumen.“
„Ja, es ist schlimm“, pflichtete Frau Meier ihrer Nachbarin bei. „Früher hätte es das nicht gegeben. Ich muss dann mal weiter, meine Enkelin kommt mich heute besuchen. Bis die Tage, Tschüss.“
„Tschüss, Frau Meier, und Grüße an den Herrn Gemahl!“

Nachdem Frau Meier winkend im Nachbarhaus verschwunden war, richtete Oma Wuttke ihre Aufmerksamkeit wieder auf den Kasten. Sie hatte sich im Grunde schon mit dem Unvermeidlichen abgefunden; und so zog sie die schwere Kiste in Richtung Haustür. „Die kommt jetzt erst einmal in den Keller. Manfred soll sie dann mitnehmen, wenn er das nächste Mal zum Recyclinghof fährt“, sagte sie, während sie sich abplagte, das Ding über die Stufen ins Hausinnere zu bekommen.

Endlich hatte sie es geschafft. „Puh, das war ein ganz schönes Stück Arbeit!“, sagte sie, während hinter ihr die Haustür ins Schloss fiel. „Jetzt noch in den Keller mit dir!“
Doch gerade, als sich Oma Wuttke daran machen wollte, den Kasten die Kellertreppen herunterzuwuchten, klingelte und klopfte es an der Haustür.
Oma Wuttke beeilte sich, die Tür zu öffnen. Zwei Polizisten standen davor.

„Kommen Sie wegen des illegal abgestellten Mülls?“, fragte Oma Wuttke die beiden, ohne sie erst zu grüßen.
„Nein“, erwiderte einer der Beamten, „wir kommen wegen der entwendeten Radaranlage, die wir vor dem Haus zur Verkehrsüberwachung aufgebaut hatten.“

# Oma Wuttke räumt auf

**Leseverstehensaufgaben**

**1.** Benenne, aus welchem Grund Oma Wuttke an diesem Samstagmorgen den Gehweg vor ihrem Wohnhaus betritt.

**2.** Gib an, welche Aussagen laut Geschichte richtig sind. Mehrere Antworten sind richtig.
a) Oma Wuttke glaubt, dass der Kasten von jemandem abgestellt worden ist, der nur seinen Müll entsorgen will.
b) Oma Wuttke hat ihre Nachbarin Frau Meier im Verdacht, dass sie den Kasten vor dem Haus deponiert hat.
c) Oma Wuttke hat einige Mühe, den Kasten von der Straße ins Haus zu bringen.
d) Die Polizeibeamten beobachten Frau Wuttke, während diese den Kasten ins Haus schleppt.

**3.** Erkläre, warum Oma Wuttke den Kasten in den Keller bringen möchte.

**4.** Erläutere, worin die Pointe der Geschichte besteht.

**5.** Begründe, woran Oma Wuttke hätte merken können, dass es sich bei dem Kasten um keinen normalen Müll handelt.

# G. A. Bürger: Baron Münchhausen und der geteilte Litauer

ERZÄHLTEXT 19

MITTEL

Vom Grafen Przobofsky in Litauen bekam ich einst als der Einzige, der ihn richtig zu reiten wusste, ein wunderbar feuriges Tier zum Geschenk, mit dem ich mich bald darauf am Feldzug gegen die Türken beteiligte.

Einmal trieben wir da die Türken so durch eine Stadt, dass diese zum einen Tor hineinritten und sich zugleich durch das andere wieder davonmachten.

Weil nun mein Litauer so außerordentlich schnell war, so war ich der Vorderste beim Nachsetzen. Und als ich sah, wie der Feind so hübsch zum anderen Tore wieder hinausfloh, so hielt ich es für ratsam, auf dem Marktplatze anzuhalten und auf meine Husaren zu warten, damit wir gemeinsam die Feinde verfolgen konnten. Unterdessen ließ ich meinen Litauer am Marktplatzbrunnen trinken. Er trank und trank und hörte gar nicht mehr damit auf. Ich konnte mir das beim besten Willen nicht erklären. Nach einer Weile kam mein Reitknecht auf mich zu und sagte: „Gnädiger Herr, so sehen Sie doch einmal nach hinten!"

Sofort sah ich mich um und musste voller Entsetzen feststellen, dass mein Pferd sein Hinterteil verloren hatte. Das Wasser lief geradewegs am anderen Ende wieder aus ihm heraus. Ich schaute den Reitknecht verwundert an.

„Bei Ihrem Ritt in die Stadt, gnädiger Herr", sagte mein Reitknecht, „hat sich das Stadttor plötzlich geschlossen und das Hinterteil vom Rest des Pferdekörpers abgetrennt. Weil Sie aber einfach weitergeritten sind, hat sich das hintere Ende selbstständig gemacht und grast nun auf einer Weide vor der Stadt."

Tatsächlich fand ich nicht weit vor dem Stadttor das verlorene Teil wieder. Sofort ließ ich unseren Hufschmied rufen. Dieser heftete, ohne lange nachzudenken, beide Teile mit jungen Lorbeersprösslingen zusammen. Die Wunde heilte glücklich zu. Und da geschah etwas, das nur einem so wundervollen Pferde passieren konnte. Nämlich die Sprossen schlugen Wurzeln in seinem Körper, wuchsen rasch nach oben zur einer Laube über mir zusammen, sodass ich danach manchen ehrlichen Ritt im Schatten der Lorbeeren meines Pferdes tun konnte.

*(frei bearbeitet nach: https://www.projekt-gutenberg.org/buerger/muenchhs/muench04.html (abgerufen am 04.05.2023))*

# G. A. Bürger: Baron Münchhausen und der geteilte Litauer

**Leseverstehensaufgaben**

**1.** Benenne, wie Baron Münchhausen in den Besitz des Pferdes gelangt.

**2.** Vervollständige den folgenden Satz nach den Angaben im Text.

Die Ereignisse tragen sich während eines Feldzuges gegen die ______________________ zu.

**3.** Gib wieder, welche Aussagen im Text offensichtlich gelogen sind. Mehrere Antworten sind richtig.

a) Einmal trieben wir da die Türken so durch eine Stadt, dass diese zum einen Tor hineinritten und sich zugleich durch das andere wieder davonmachten.
b) Münchhausen war der Vorderste beim Nachsetzen,
c) Das Pferd trank und trank und hörte gar nicht mehr damit auf.
d) Der abgetrennte hintere Teil des Pferdes hat sich selbstständig gemacht und grast auf einer Weide vor dem Stadttor.
e) Der herbeigerufene Hufschmied näht die Pferdeteile mit Lorbeersprösslingen zusammen.
f) Die Lorbeersprossen schlagen Wurzeln und wachsen zu einer Laube über dem Pferd zusammen.

**4.** Benenne, wie sich Baron Münchhausen die wundervolle Heilung seines Litauers und das Wachsen des Lorbeers erklärt.

# Äsop: Der Esel und die Ziege



Ein Bauer hatte einen Esel und eine Ziege. Weil nun der Esel sehr viel arbeiten und große Lasten tragen musste, erhielt er ein reichlicheres und besseres Futter als die Ziege.

Diese beneidete den Esel; und um ihn um die bessere Kost zu bringen oder doch wenigstens ihm Schläge einzutragen, sprach sie eines Tages zu ihm: „Höre, lieber Freund! Oft schon habe ich dich von Herzen bedauert, dass du Tag für Tag die schwersten Lasten tragen und vom Morgen bis Abend arbeiten musst. Ich möchte dir wohl einen guten Rat geben."

„Warum nicht?", sagte der Esel. „Ich bitte dich sogar darum!"

„Nun, so höre: Wenn du an eine Grube kommst, so stürze dich hinein, stelle dich verletzt und dann wirst du längere Zeit Ruhe haben und nichts arbeiten dürfen."

Dem Esel schien dies ein ganz guter Vorschlag. Und kaum war er anderntags mit einer Last bei einer Grube angekommen, als er auch schon den Rat befolgte.

Wie aus Zufall trat er fehl und stürzte hinein. Aber das hatte er sich nicht gedacht! Halb tot lag er da, und dass er sich nicht ein Bein gebrochen, war ein Glück. Ganz geschunden wurde er herausgeholt und konnte sich kaum nach Hause schleppen.

Sein Herr hatte nichts Eiligeres zu tun, als zu einem Tierarzt zu schicken, der dann verordnete: Der Kranke solle eine frische, pulverisierte Ziegenlunge einnehmen.

Da dem Herrn der Esel mehr wert war als die Ziege, so ließ er diese sofort schlachten, um den Esel zu retten. So büßte die Ziege für ihren bösen Rat mit dem Leben.

*(zitiert nach: https://www.projekt-gutenberg.org/aesop/fabeln/chap063.html (abgerufen am 24.04.2023); Text orthografisch und stilistisch angepasst)*

# Äsop: Der Esel und die Ziege

**Leseverstehensaufgaben**

**1.** Benenne, aus welchem Grund der Esel besseres Futter als die Ziege erhält.

**2.** Nenne den Grund, aus dem die Ziege dem Esel eine Falle stellt.

**3.** Vervollständige den folgenden Satz nach den Angaben im Text.

Die Ziege schlug dem Esel vor: Wenn du an eine Grube kommst, so stürze dich hinein, stelle dich ______________________ und dann wirst du längere Zeit Ruhe haben und nichts arbeiten dürfen.“

**4.** Erkläre, was es über den Esel aussagt, dass er dem Rat der Ziege folgt.

**5.** Benenne, welche unmittelbaren Folgen der Sturz für den Esel hat.

**6.** Benenne, welche „Medizin“ der Tierarzt dem Esel verordnet.

**7.** Vervollständige den folgenden Satz nach den Angaben im Text.

Der Esel war dem Herrn mehr ______________________ als die Ziege, deshalb ließ er die Ziege schlachten.

**8.** Erkläre, ob das folgende Sprichwort zu der Fabel passt.

Wer andern eine Grube gräbt, fällt selbst hinein.

# Ulrich Jahn: Die Lebensalter



Als Gott, der Herr, die Welt geschaffen hatte, setzte er dem Menschen und dem Esel dreißig, dem Hund und dem Affen aber einem jeden zwanzig Jahre; darin sollten sie sich des Lebens freuen.

Es dauerte gar nicht lange, so kam der Mensch und wollte eine längere Frist haben. Während er noch darum bat, trat auch der Esel vor Gottes Thron und sagte: „Nimm mir zwanzig Jahre von meinem Leben ab, lieber Herr; die Last wird mir bei der vielen Arbeit und dem geringen Futter zu schwer!"

„Nimm sie ihm und gib die zwanzig Jahre mir!", rief der Mensch, und unser Herrgott gewährte beiden ihre Wünsche. Nach dem Esel stellt sich auch der Hund ein und klagte: „Sieh an, Herr, meinen schlechten Dienst und die magere Kost, welche ich bekomme; und dabei muss ich in Schnee und Regen dem Menschen das Seine bewachen. Nimm mir ab die Hälfte meines Lebens! Wenn ich zehn Jahre lebe, so lebe ich lange genug."

„Gib sie mir!", bat der Mensch, und der Herrgott nahm dem Hunde die Hälfte seiner Lebensjahre und legte sie dem Menschen zu.

Zu guter Letzt stellte sich auch der Affe ein und wollte ebenfalls des halben Lebens verlustig sein.

„Ich muss klettern und springen", sagte er, „und Gesichter schneiden und Faxen machen, dass die Menschen lachen. Zwanzig Jahre sind zu lang, Herr, nimm mir die Hälfte ab!"

„Gib sie mir!", bat der nimmersatte Mensch zum dritten Male und drängte und quälte so lange, bis der Herrgott auch dem Affen die zehn Jahre nahm und sie dem Leben des Menschen zufügte.

So hatte der Mensch zu seinem richtigen Leben zwanzig Eselsjahre und zehn Hunde- und zehn Affenjahre bekommen, und er hat sie behalten bis auf den heutigen Tag.

Bis zum dreißigsten Jahre lebt jedermann leicht dahin; dann muss er zwanzig Jahre als Esel verbraucht werden und im Schweiße seines Angesichts arbeiten und schaffen, sodass er unter dem Kreuze fast zusammenbricht. Vom fünfzigsten Jahre an beginnt das Hundeleben, da der Mensch dasjenige, was er in den Eselsjahren zusammengerafft und erworben hat, missgünstig wie ein Hund bewacht. Auf die Hundejahre folgen die Affenjahre vom sechzigsten bis zum siebenzigsten.

# Ulrich Jahn: Die Lebensalter

Dann sind die Menschen wie die Affen mit den kleinen Enkelkindern, springen und tanzen ihnen vor und schneiden Gesichter und machen Faxen, damit die Kleinen darüber lachen; und am Ende werden sie ganz kindisch und beschmutzen sich beim Essen und Trinken. Das hat der Mensch davon gehabt, dass er nicht damit zufrieden war, wie es unser Herrgott ihm gesetzt hatte. Lebt er über dreißig Jahre hinaus, so muss er als Esel, als Hund und als Affe verbraucht werden bis auf diesen Tag.

*(zitiert nach: https://de.wikisource.org/wiki/Die_Lebensalter_(Jahn) (abgerufen am 03.03.2023); Text orthografisch und stilistisch angepasst)*

**Leseverstehensaufgaben**

1. Fasse zusammen, was Esel, Hund und Affe vom Herrn wollen.
2. Erläutere, warum die Tiere und der Mensch laut Text überhaupt leben. Welche „Aufgabe" bekommen sie vom Herrn?
3. Erkläre, warum Esel, Hund und Affe jeweils den Wunsch gegenüber dem Herrn äußern.
4. Stelle eine Vermutung darüber an, warum der Mensch wohl so begierig darauf ist, die übriggebliebene Lebenszeit zu bekommen.
5. Erläutere, warum die Geschichte „erklärt", wie der Mensch zu seiner durchschnittlichen Lebenszeit gekommen ist.
6. Fasse zusammen, was den Jahren, die der Mensch von den Tieren übernommen hat, gemeinsam ist.

# Brüder Grimm: Der Feuerberg



Einige Stunden von Halberstadt liegt ein ehemals kahler, jetzt mit hohen Tannen und Eichen bewachsener Berg, der von vielen der Feuerberg genannt wird. In seinen Tiefen soll der Teufel sein Unwesen treiben und alles in hellen Flammen brennen.

Vor alten Zeiten wohnte in der Gegend von Halberstadt ein Graf, der böse und habgierig war und die Bewohner des Landes rings herum plagte, wo er nur konnte. Einem Schäfer war er viel Geld seit langen Jahren schuldig, jedes Mal aber, wenn dieser kam und darum mahnte, gab er ihm schnöde und abweisende Antworten. Auf einmal verschwand der Graf und es hieß, er wäre gestorben in fernen Landen.

Der Schäfer ging betrübt zu Felde und klagte über seinen Verlust, denn die Erben und Hinterlassenen des Grafen wollten von seiner Forderung nichts wissen und jagten ihn, als er sich meldete, die Burg hinab. Da geschah es, dass, als er zu einer Zeit im Walde war, eine Gestalt zu ihm trat und sprach: „Willst du deinen alten Schuldner sehen, so folge mir nach."

Der Schäfer folgte und wurde durch den Wald geführt bis zu einem hohen, nackten Berg, der sich alsbald vor beiden mit Getöse öffnete, sie aufnahm und sich wieder schloss. Innen war alles ein Feuer. Der zitternde Schäfer erblickte den Grafen, sitzend auf einem Stuhle, um welchen sich, wie an den glühenden Wänden und auf dem Boden, tausend Flammen wälzten.

Der Sünder schrie: „Willst du Geld haben, Schäfer, so nimm dieses Tuch und bringe es den Meinigen; sage ihnen, wie du mich im Höllenfeuer sitzen gesehen, in dem ich bis in Ewigkeit leiden muss."

Hierauf riss er ein Tuch von seinem Haupt und gab es dem Schäfer und aus seinen Augen und Händen sprühten Funken. Der Schäfer eilte mit schwankenden Füßen, von seinem Führer geleitet, zurück, der Berg tat sich wieder auf und verschloss sich hinter ihm. Mit dem Tuch ging er dann auf des Grafen Burg, zeigte es und erzählte, was er gesehen; worauf sie ihm gern sein Geld gaben.

*(zitiert nach: https://de.wikisource.org/wiki/Der_Feuerberg (abgerufen am 14.04.2023); Text orthografisch und stilistisch angepasst)*

# Brüder Grimm: Der Feuerberg

**Leseverstehensaufgaben**

**1.** Vervollständige den folgenden Satz nach den Angaben im Text.

Im Inneren des Feuerbergs soll der ____________________ sein Unwesen treiben.

**2.** Gib an, welche Aussagen über den Grafen von Halberstadt laut Geschichte richtig sind. Mehrere Antworten sind richtig.

a) Der Graf hatte seine Söhne verstoßen.
b) Der Graf war böse und habgierig.
c) Der Graf interessierte sich nur für die Jagd.
d) Der Graf plagte die Bewohner des Landes.

**3.** Benenne, in welcher Beziehung der Schäfer zu dem Grafen steht.

**4.** Erläutere, wie es kommt, dass der Schäfer den Grafen wiedersieht.

**5.** Gib wieder, worin das Leid des Grafen besteht.

**6.** Erkläre, weshalb der Graf dem Schäfer ein Tuch mitgibt.

**7.** Erkläre, warum die Erben des Grafen dem Schäfer am Ende „gern sein Geld gaben“, nachdem er ihnen von seiner Begegnung mit Grafen berichtet hatte.

# Wie Till Eulenspiegel einem Esel das Lesen beibringt



Eine Zeit lang beschäftigte sich Till Eulenspiegel damit, dass er von Universität zu Universität zog, sich überall als Gelehrter ausgab und den Professoren und Studenten Streiche spielte. Er schlug überall Zettel an, auf denen er für seine Künste warb.
Als er nach Erfurt kam, waren seine Streiche dort bereits bekannt und so beratschlagten die Erfurter Gelehrten, was für eine Aufgabe sie ihm stellen könnten, bei der sie nicht selbst zum Gespött würden. Endlich fiel ihnen etwas Passendes ein. Sie schickten nach Eulenspiegel und fragten ihn: „Ihr habt Zettel angeschlagen, dass Ihr eine jegliche Kreatur in kurzer Zeit Lesen und Schreiben lehren wollt. Darum sind wir hier. Wir wollen Euch einen Esel in die Lehre geben. Traut Ihr es Euch zu, auch ihm das Lesen zu lehren?“
Eulenspiegel nahm den Esel und zog mit ihm in eine Herberge, mietete einen Stall allein für seinen Schüler, besorgte sich ein altes Buch und legte es in die Futterkrippe. Und zwischen jedes Blatt legte er Hafer.
Das bemerkte der Esel und warf um des Hafers willen die Blätter mit dem Maul herum. Wenn er dann keinen Hafer mehr zwischen den Blättern fand, rief er: „I-A, I-A!“

Als Eulenspiegel das bei dem Esel bemerkte, ging er zu dem Rektor und sprach: „Herr Rektor, wollt Ihr einmal sehen, was mein Schüler macht?“
Der Rektor fragte: „Hat denn der Esel schon etwas gelernt?“
Und Eulenspiegel antwortete: „Ich habe es mit großem Fleiß und vieler Arbeit geschafft, dass er schon einige Laute sprechen kann. Wenn Ihr wollt, so geht mit mir, Ihr sollt es dann hören und sehen.“ Und so kamen am Nachmittag der Rektor der Universität samt vieler Professoren und Studenten zu Till Eulenspiegel in den Stall.

Eulenspiegel aber hatte wieder das Buch in die Krippe gelegt. Da aber kein Hafer zwischen den Seiten war, begann der Esel mit lauter Stimme zu schreien: „I-A, I-A!“
Und Eulenspiegel sprach: „Seht, die beiden Vokale I und A, die kann er jetzt schon. Morgen beginne ich damit, ihm O und U beizubringen.“
Da gingen die Herren wütend fort. Und Till jagte den Esel aus dem Stall. „Scher dich zu den anderen Erfurter Eseln!“, rief Eulenspiegel ihm nach und verließ selbst die Stadt noch am selben Tag.

*(frei nach: https://www.projekt-gutenberg.org/bote/eulenspg/eulen29.html (abgerufen am 14.05.2023))*

# Wie Till Eulenspiegel einem Esel das Lesen beibringt

**Leseverstehensaufgaben**

1. Benenne, aus welchen Grund Till Eulenspiegel nach Erfurt kommt.

2. Benenne, wie Till Eulenspiegel für seine Dienste wirbt.

3. Vervollständige den folgenden Satz nach den Angaben im Text.

   Die Erfurter Gelehrten beratschlagten, was für eine Aufgabe sie ihm stellen könnten,

   bei der sie nicht selbst zum ____________________ würden.

4. Benenne, wann der Esel immer „I-A, I-A!“ ruft.

5. Erkläre, warum die Herren von der Universität Till Eulenspiegel am Ende wütend verlassen.

6. Erkläre die Doppeldeutigkeit des Ausrufs „Scher dich zu den anderen Erfurter Eseln!“ am Ende der Geschichte.

# Äsop: Das Lamm und der Wolf

Ein Lämmchen löschte an einem Bache seinen Durst. Fern von ihm, aber näher der Quelle, tat ein Wolf das gleiche. Kaum erblickte er das Lämmchen, so schrie er: „Warum trübst du mir das Wasser, das ich trinken will?“

„Wie wäre das möglich“, erwiderte schüchtern das Lämmchen, „ich stehe hier unten und du so weit oben; das Wasser fließt ja von dir zu mir; glaube mir, es kam mir nie in den Sinn, dir etwas Böses zu tun!“

„Ei, sieh doch! Du machst es gerade, wie dein Vater vor sechs Monaten; ich erinnere mich noch sehr gut, dass auch du dabei warst, aber glücklich entkamst, als ich ihm für sein Schmähen das Fell abzog!“

„Ach, Herr!“, flehte das zitternde Lämmchen, „Ich bin ja erst vier Wochen alt und kannte meinen Vater gar nicht, so lange ist er schon tot; wie soll ich denn für ihn büßen?“

„Du Unverschämter!“, so endigt der Wolf mit erheuchelter Wut, indem er die Zähne fletschte. „Tot oder nicht tot, weiß ich doch, dass euer ganzes Geschlecht mich hasst, und dafür muss ich mich rächen.“

Ohne weitere Umstände zu machen, zerriss er das Lämmchen und verschlang es.

*(nach der Äsop’schen Fabel (https://web.archive.org/web/20170713054003/http://gutenberg.spiegel.de/buch/fabeln-9534/15); Text orthografisch und stilistisch angepasst)*

# Äsop: Das Lamm und der Wolf

**Leseverstehensaufgaben**

**1.** Erläutere, durch welche Mittel das Lamm in dem Fabeltext als wehrlos und unschuldig dargestellt wird.

**2.** Erkläre, weshalb der Wolf versucht, dem Lamm eine Schuld zuzuschieben, um dadurch seine Tat zu rechtfertigen.

**3.** Überlege dir noch einmal, welche drei Vorwürfe der Wolf dem Lamm macht. Benenne, was dir an den Vorwürfen auffällt.

**4.** Gib an, welche der folgenden Lehren am besten zu der Fabel passt.

a) Gewalt steht über dem Recht.
b) Wer sich nicht wehrt, der lebt verkehrt.
c) Der Starke ist immer auch der Bessere.
d) Gib nicht auf, wenn dir eine Sache wichtig ist.

**5.** Begründe, ob sich deiner Meinung nach das Lamm richtig bzw. klug verhält. Was hätte es vielleicht anders machen können?

# Johann Peter Hebel: Das Mittagessen im Hof



Man klagt häufig darüber, wie schwer und unmöglich es sei, mit manchen Menschen auszukommen. Das mag denn freilich auch wahr sein. Indessen sind viele von solchen Menschen nicht schlimm, sondern nur wunderlich, und wenn man sie nur immer recht kennte, inwendig und auswendig, und recht mit ihnen umzugehen wüsste, nie zu eigensinnig und nie zu nachgebend, so wäre mancher wohl und leicht zur Besinnung zu bringen.

Das ist doch einem Bedienten mit seinem Herrn gelungen. Dem konnte er manchmal gar nichts recht machen, und musste vieles entgelten, woran er unschuldig war, wie es oft geht. So kam einmal der Herr sehr verdrießlich nach Hause, und setzte sich zum Mittagessen. Da war die Suppe zu heiß oder zu kalt, oder keines von beiden; aber genug, der Herr war verdrießlich. Er fasste daher die Schüssel mit dem, was darinnen war, und warf sie durch das offene Fenster in den Hof hinab.

Was tat der Diener? Kurz besonnen warf er das Fleisch, welches er eben auf den Tisch stellen wollte, mir nichts, dir nichts, der Suppe nach, auch in den Hof hinab, dann das Brot, dann den Wein, und endlich das Tischtuch mit allem, was noch darauf war, auch in den Hof hinab.

„Verwegener, was soll das sein?“, fragte der Herr und fuhr mit drohendem Zorn von dem Sessel auf. Aber der Bediente erwiderte kalt und ruhig: „Verzeihen Sie mir, wenn ich Ihre Meinung nicht erraten habe. Ich glaubte nicht anders, als Sie wollten heute im Hof speisen. Die Luft ist so heiter, der Himmel so blau, und sehen Sie nur, wie lieblich der Apfelbaum blüht und wie fröhlich die Bienen ihren Mittag halten.“ – Diesmal die Suppe hinabgeworfen, und nimmer! Der Herr erkannte seinen Fehler, heiterte sich im Anblick des schönen Frühlingshimmels auf, lächelte heimlich über den schnellen Einfall seines Aufwärters und dankte ihm im Herzen für die gute Lehre.

*(zitiert nach: http://hausen.pcom.de/jphebel/geschichten/mittagessen_im_hof.htm (abgerufen am 02.05.2023); Text orthografisch und stilistisch angepasst)*

# Johann Peter Hebel: Das Mittagessen im Hof

**Leseverstehensaufgaben**

**1.** Gib an, weshalb der Herr die Suppe in den Hof wirft.

a) Der Herr mag keine Tomatensuppe.
b) Der Herr möchte die Tauben aus dem Hof verjagen.
c) Der Herr war verdrießlich, das heißt er hatte schlechte Laune.
d) Der Herr wollte seinen Diener erschrecken.

**2.** Gib wieder, wie der Diener darauf reagiert, dass der Herr die Suppe in den Hof wirft.

**3.** Benenne, wie der Herr auf die Tat des Dieners reagiert.

**4.** Benenne, wie der Diener seine Tat dem Herrn gegenüber erklärt.

**5.** Erkläre, welche Rolle der schöne Frühlingstag spielt.

**6.** Vervollständige den folgenden Satz nach den Angaben im Text.

Der Herr dankte dem Diener im Herzen für die gute ______________________ .

**7.** Erkläre, was die Geschichte zeigt. Lies dazu noch einmal nach, was der Erzähler im ersten Absatz sagt.

# Kurt Tucholsky: Der Floh



Im Departement du Gard – ganz richtig, da, wo Nîmes liegt und die Pont du Gard: im südlichen Frankreich – da saß in einem Postbüro ein älteres Fräulein als Beamtin, die hatte eine böse Angewohnheit: Sie machte ein bisschen die Briefe auf und las sie. Das wusste alle Welt. Aber wie das so in Frankreich geht: Concierge[1], Telefon und Post, das sind geheiligte Institutionen, und daran kann man schon rühren, aber daran darf man nicht rühren, und so tut es dann auch keiner.
Das Fräulein also las die Briefe und bereitete mit ihren Indiskretionen den Leuten manchen Kummer.
Im Departement wohnte auf einem schönen Schlosse ein kluger Graf. Grafen sind manchmal klug, in Frankreich.
Und dieser Graf tat eines Tages Folgendes:
Er bestellte sich einen Gerichtsvollzieher auf das Schloss und schrieb in seiner Gegenwart an einen Freund:

Lieber Freund!

Da ich weiß, dass das Postfräulein Emilie Dupont dauernd unsre Briefe öffnet und sie liest, weil sie vor lauter Neugier platzt, so sende ich Dir anliegend, um ihr einmal das Handwerk zu legen, einen lebendigen Floh.

Mit vielen schönen Grüßen
Graf Koks

Und diesen Brief verschloss er in Gegenwart des Gerichtsvollziehers.
Er legte aber keinen Floh hinein.
Als der Brief ankam, war einer drin.

---

[1] *franz.: Pförtner, Hausmeister*

*(Tucholsky, Kurt: Der Floh. In: K. Tucholsky: Gesammelte Werke in 10 Bänden. Hrsg. v. Mary Gerold-Tucholsky u. Fritz J. Raddatz. Band 10: 1932. Hamburg: Rowohlt 1975. S. 7.)*

# Kurt Tucholsky: Der Floh

**Leseverstehensaufgaben**

**1.** Gib an, wo die Geschichte spielt.
a) im südlichen Italien
b) im Norden Deutschlands
c) im südlichen Frankreich

**2.** Vervollständige den folgenden Satz nach den Angaben im Text.

Das Postfräulein hatte die böse Angewohnheit, Briefe zu ____________________ und zu ____________________.

**3.** Gib an, was das Wort „Indiskretionen" im Textzusammenhang bedeuten muss.
a) Mangel an Verschwiegenheit
b) Neugier
c) Interesse
d) Taktlosigkeit

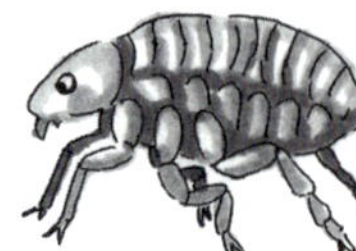

**4.** Erläutere, warum der Graf keinen Floh in den Brief tut.

**5.** Vervollständige den folgenden Satz nach den Angaben im Text.

Den Brief verschloss der Graf in Gegenwart des ____________________.

**6.** Erkläre, warum der Graf die in Aufgabe 5 erfragte Person hinzugezogen hat.

# Sternschnuppen



Das Wort „Schnuppe“ wird heute nicht mehr oft gebraucht: Es meint das verkohlte Ende eines Dochtes, zum Beispiel an einer Kerze, das auch schon einmal glühend herunterfallen kann.

Ganz ähnlich ist es bei den Sternschnuppen. Wenn Sternschnuppen fallen, sind das natürlich keine ganzen Sterne. Sterne sehen nur so klein aus, weil sie viele, viele Lichtjahre von der Erde entfernt sind. Meist handelt es sich bei Sternschnuppen um metallische Gesteinssplitter von Kometen, die manchmal kaum größer als ein Sandkorn sind oder als kleine Steine. Wenn solche Gesteinsreste auf die Lufthülle unserer Erde treffen, dann verglühen sie in ungefähr 100 Kilometer Höhe und hinterlassen eine Leuchtspur am Himmel. Wenn es Nacht ist und der Himmel klar, kann man diese Leuchtspur trotz der großen Entfernung sehen.

Der wissenschaftliche Name der Sternschnuppe lautet „Meteor“. Wenn eine Sternschnuppe groß genug ist, dass sie am Himmel nicht vollständig verglüht, dann fällt der Rest auf die Erde. Diesen Sternschnuppenrest nennt man dann „Meteorit“.

Dem Volksglauben nach darf man sich beim Anblick einer Sternschnuppe etwas wünschen. Aber nur, wenn man seinen Wunsch niemandem verrät. Und natürlich muss man auch ganz fest daran glauben, dass sich der Wunsch erfüllt.

Doch Sternschnuppen sind recht selten. Gute Chancen, Sternschnuppen zu sehen, gibt es jedes Jahr Anfang bis Mitte August. Dann nämlich kreuzt die Erdlaufbahn einen Meteorstrom und viele Sternschnuppen fallen ab. Nach dem Sternbild des Perseus wird der Meteorstrom auch „Perseiden“ genannt.

# Sternschnuppen

## Leseverstehensaufgaben

**1.** Vervollständige den folgenden Satz nach den Angaben im Text.

Sterne sehen nur so klein aus, weil sie viele, viele ____________________ von der Erde entfernt sind.

**2.** Gib an, woraus Sternschnuppen bestehen.

a) aus Sandkörnern
b) aus Kieselsteinen
c) aus metallischen Gesteinssplittern von Kometen

**3.** Gib an, in welcher Entfernung die Sternschnuppen auf die Lufthülle der Erde treffen.

a) in 10 km
b) in 100 km
c) in 1000 km

**4.** Benenne, wie der wissenschaftliche Name der Sternschnuppe lautet.

**5.** Vervollständige den folgenden Satz nach den Angaben im Text.

Dem ____________________ nach darf man sich beim Anblick einer Sternschnuppe etwas wünschen.

# Schmetterlinge



Schmetterlinge gehören für viele Menschen zu den schönsten und faszinierendsten Insekten der Natur. Sie sind aber nicht nur ein wunderschöner Anblick, sondern auch von großer Bedeutung für das ökologische System.

Schmetterlinge spielen eine wichtige Rolle bei der Bestäubung von Pflanzen. Sie tragen Pollen von einer Blume zur nächsten und sorgen so für die Fortpflanzung und Vermehrung von Pflanzen. Ohne Schmetterlinge und andere Bestäuber würde es viele Pflanzenarten nicht geben.

Darüber hinaus sind Schmetterlinge ein wichtiger Teil des Nahrungsnetzes in der Natur. Sie dienen als Nahrung für Vögel, Fledermäuse, Reptilien und andere Insekten. Ohne Schmetterlinge wäre es für diese Tiere schwerer, ausreichend Nahrung zu finden.

Schmetterlinge sind außerdem ein wichtiger Indikator für die Gesundheit von Ökosystemen. Da Schmetterlinge von vielen verschiedenen Pflanzenarten abhängig sind, können Veränderungen in der Umwelt schnell Auswirkungen auf ihre Populationen haben. Wenn Schmetterlinge verschwinden, kann dies ein Hinweis darauf sein, dass es Probleme im Ökosystem gibt, wie zum Beispiel durch den Einsatz von Unkrautvernichtungsmitteln.

Einige Schmetterlingsarten sind heute vom Aussterben bedroht. Die Zerstörung von Lebensräumen, der Einsatz von Pestiziden und der Klimawandel sind einige der Faktoren, die dazu beitragen, dass Schmetterlinge in Gefahr sind. Es ist wichtig, Schmetterlinge zu schützen und ihre Populationen zu erhalten.

Zum Schutz der Schmetterlinge gibt es verschiedene sinnvolle Maßnahmen. Dazu gehört zum Beispiel die Schaffung von Lebensräumen für Schmetterlinge, wie zum Beispiel Blumenwiesen oder Schmetterlingsgärten. Auch der Einsatz von Pestiziden sollte reduziert werden, um Schmetterlinge, aber auch andere Bestäuber zu schützen.

Insgesamt sind Schmetterlinge ein wichtiger Teil der Natur und tragen auf vielfältige Weise zur Gesundheit von Ökosystemen bei. Wegen dieser Bedeutung für die Natur und für uns Menschen sollten sie auch besonders geschützt werden.

## Leseverstehensaufgaben

**1.** Vervollständige den folgenden Satz nach den Angaben im Text.

Schmetterlinge sind nicht nur ein wunderschöner Anblick, sondern auch von großer Bedeutung

für das ______________________________ System.

**2.** Gib an, welche Aufgabe Schmetterlinge laut Text übernehmen. Mehrere Antworten sind richtig.
a) Schmetterlinge spielen eine wichtige Rolle bei der Bestäubung von Pflanzen.
b) Schmetterlinge spielen eine wichtige Rolle bei der Schädlingsbekämpfung.
c) Schmetterlinge sind ein wichtiger Teil des Nahrungsnetzes in der Natur.
d) Schmetterlinge zeigen Wetterveränderungen durch ihr Flugverhalten an.
e) Schmetterlinge sind ein wichtiger Indikator für die Gesundheit von Ökosystemen.

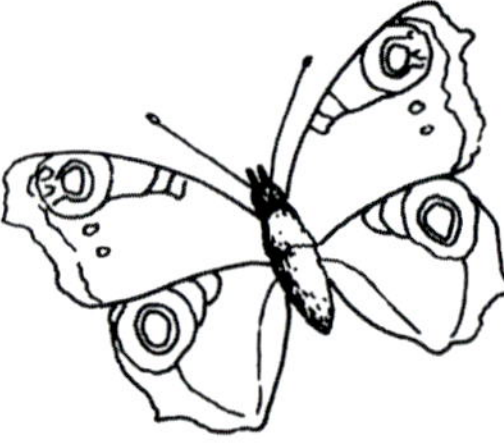

**3.** Vervollständige den folgenden Satz nach den Angaben im Text.

Einige Schmetterlingsarten sind heute vom ______________________________ bedroht.

**4.** Nenne zwei Maßnahmen, die dabei helfen, Schmetterlinge zu schützen.

# Maulwürfe



Maulwürfe sind kleine Säugetiere, die in Europa und Asien heimisch sind. Sie sind bekannt für ihre Grabfähigkeiten und vor allem für ihre charakteristischen Hügel, die sie in Gärten, Parks und auf landwirtschaftlichen Flächen hinterlassen. Diese Hügel bestehen aus lockerem Erdreich und sind oft kreisförmig oder oval geformt.

Maulwürfe leben unterirdisch in einem Netzwerk von Tunneln und Gängen, die sie graben, um Nahrung zu suchen und ihr Territorium zu markieren. Sie ernähren sich hauptsächlich von Regenwürmern, aber auch von anderen wirbellosen Tieren wie Käfern und Schnecken. Maulwürfe sind das ganze Jahr über aktiv und graben auch im Winter, wenn der Boden gefroren ist. Gleichwohl legen sie für die kalte Jahreszeit Vorräte an.

Die Hügel, die Maulwürfe hinterlassen, sind das Ergebnis ihrer Grabaktivitäten. Wenn sie einen Tunnel graben, drücken sie den lockeren Boden an die Oberfläche und formen so den Hügel. Die Größe und Form des Hügels hängen von der Tiefe des Tunnels und der Menge an Erde ab, die verschoben wird. Die meisten Hügel sind zwischen 15 und 30 Zentimeter hoch und haben einen Durchmesser von etwa 20 bis 30 Zentimetern.

Obwohl Maulwurfshügel manchmal als störend empfunden werden können, sind sie in der Regel kein ernsthaftes Problem für den Gartenbau oder die Landwirtschaft. Maulwürfe graben nur oberflächlich und haben keine Auswirkungen auf die Wurzeln von Pflanzen. Tatsächlich können Maulwürfe sogar dazu beitragen, den Boden zu belüften und zu lockern, was das Wachstum von Pflanzen fördert.

Maulwürfe haben eine dunkle, samtige Haut und kurze, kräftige Beine mit starken Klauen. Ihre Augen sind klein und ihre Ohren sind nur als kleine Öffnungen an den Seiten ihres Kopfes zu sehen. Sie haben eine spitze Nase und kräftige Zähne, die sie zum Graben und zum Fressen von Würmern und Insekten verwenden.

Insgesamt sind Maulwürfe faszinierende Tiere, die eine wichtige Rolle im Ökosystem spielen. Obwohl ihre Hügel manchmal ein Ärgernis sein können, sollten wir sie als Teil der Natur akzeptieren und respektieren.

**Leseverstehensaufgaben**

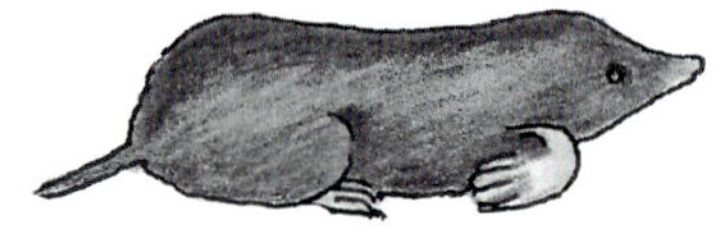

1. Benenne, wo laut Text Maulwürfe heimisch sind.

2. Benenne die beiden Merkmale, die laut Text charakteristisch für Maulwürfe sind.

3. Beschreibe, wie laut Text Maulwurfshügel entstehen.

4. Vervollständige den folgenden Satz nach den Angaben im Text.

   Obwohl Maulwurfshügel manchmal als störend empfunden werden können, sind sie in der Regel kein ernsthaftes ______________________________ für den Gartenbau oder die Landwirtschaft.

5. Gib an, welche Aussagen über Maulwürfe laut Text richtig sind. Mehrere Antworten sind richtig.
   a) Maulwürfe sind kleine Säugetiere.
   b) Maulwürfe haben eine dunkle, samtige Haut.
   c) Maulwürfe sind nachtaktiv.
   d) Maulwürfe halten einen kurzen Winterschlaf, sind aber ansonsten auch im Winter aktiv.
   e) Maulwürfe verfügen über einen kräftigen, buschigen Schwanz, der auch beim Graben hilfreich ist.
   f) Maulwürfe haben kurze, kräftige Beine mit starken Klauen.
   g) Maulwürfe haben eine spitze Nase und kräftige Zähne, die sie auch zum Graben verwenden.

# Kinderarbeit



Klar, bis zum Beginn des 20. Jahrhunderts war Kinderarbeit weit verbreitet, auch in Deutschland. Sowohl in der Landwirtschaft als auch in der Industrie waren Kinder beliebte Arbeitskräfte, einfach weil für sie kaum Lohn zu zahlen war. Erst Anfang des 20. Jahrhunderts verboten Gesetze die Beschäftigung von Kindern unter 12 Jahren.

Doch bis heute müssen Kinder Arbeit leisten, die gefährlich ist oder sie vom Schulbesuch abhält. Obwohl Kinderarbeit gegen die weltweit gültigen Kinderrechte verstößt, gibt es laut einer Schätzung von UNICEF, also dem Kinderhilfswerk der Vereinten Nationen, bis heute 160 Millionen arbeitende Kinder. Andere Schätzungen gehen von bis zu 375 Millionen Kindern aus, die eine eigentlich verbotene Arbeit leisten müssen.

UNICEF geht davon aus, dass die meisten Kinder in der Landwirtschaft (etwa 70 Prozent) arbeiten müssen. Die übrigen Kinder werden als Hilfskräfte im Dienstleistungsbereich (20 Prozent) eingesetzt oder in der Industrie (10 Prozent). Die Mehrheit der arbeitenden Kinder sind Jungen. Dazu muss man allerdings sagen, dass Mädchen häufiger Arbeiten im Haushalt, z.B. als Dienstbotin, erledigen. Solche Arbeiten fallen weniger auf und erscheinen deshalb auch seltener in Statistiken.

Fast die Hälfte der arbeitenden Kinder leidet unter Arbeitsbedingungen, die ausbeuterisch oder gesundheitsschädlich sind: Kinder werden so etwa auch in Bergwerken, auf Baumwollfeldern oder auf Plantagen eingesetzt und müssen dort schwere körperliche Arbeit leisten.

Etwas mehr als die Hälfte der arbeitenden Kinder sind unter 12 Jahre alt. Die meisten Mädchen und Jungen, die unter solchen Bedingungen arbeiten müssen, leben in Afrika, gefolgt von Asien und Südamerika.

Zu Beginn des Jahrtausends sah es eine Weile so aus, als könne Kinderarbeit bald der Vergangenheit angehören, da immer weniger Kinder arbeiten mussten. Laut UNICEF sank zwischen 2000 und 2016 die Zahl der Mädchen und Jungen in Kinderarbeit um 94 Millionen. Aktuell nimmt Kinderarbeit aber wieder zu. Und Experten gehen davon aus, dass die Zahl der arbeitenden Kinder künftig weltweit noch weiter ansteigen könnte.

## Leseverstehensaufgaben

1. Benenne, bis wann es auch in Deutschland Kinderarbeit gegeben hat.

2. Benenne, was „UNICEF“ ist.

3. Gib an, auf wie viel Millionen UNICEF die Zahl der heute arbeitenden Kinder schätzt.
a) 94 b) 160 c) 375

4. Ordne den folgenden Bereichen, in denen Kinder arbeiten müssen, den jeweils richtigen Zahlen (Prozent der Kinder, die dort arbeiten) zu.

| Bereich | Prozent |
| --- | --- |
| Dienstleistungsbereich | 10 % |
| Industrie | 20 % |
| Landwirtschaft | 70 % |

5. Vervollständige den folgenden Satz nach den Angaben im Text.

Fast die Hälfte der arbeitenden Kinder leidet unter Arbeitsbedingungen,

die ausbeuterisch oder ______________________ sind.

6. Benenne, welcher aktuelle Trend sich bei Kinderarbeit zeigt.

# Lichtverschmutzung



Wenn zu viel Licht den Blick auf die Sterne des Nachthimmels erschwert oder sogar unmöglich macht, sprechen Astronomen von Lichtverschmutzung.

Dass man den Nachthimmel nicht oder nicht richtig sehen kann, ist dabei aber das kleinste Problem. Lichtverschmutzung kann Auswirkungen auf die menschliche Gesundheit haben und Schlafstörungen, Augenerkrankungen oder Kopfschmerzen verursachen.

Noch problematischer ist Lichtverschmutzung für die Tierwelt. Viele Tierarten sind auf die natürliche Dunkelheit angewiesen, um ihre Lebenszyklen zu regulieren. Beispiele sind die Brutzeiten von Vögeln oder die Wanderungen von Fledermäusen. Künstliches Licht kann auch die Orientierungsfähigkeit und das Verhalten von Tieren beeinträchtigen und sogar ihre Fortpflanzung beeinflussen. Nachaktive Insekten werden außerdem von Lichtquellen angelockt und warten dort bis zum Morgengrauen. Oft sind sie dann ein leichtes Futter für Vögel.

Die Ursachen von Lichtverschmutzung liegen auf der Hand: Der Hauptgrund ist die zunehmende Ausbreitung von Städten und Siedlungen, auch weil die Weltbevölkerung immer weiter wächst. In den Städten sind es vor allem Hochhäuser und sogenannte „Skybeamer“, also in den Himmel gerichtete Diskostrahler, die für die Lichtverschmutzung verantwortlich sind. Aber auch Straßenbeleuchtungen und die Beleuchtung von Gebäuden, Geschäften und öffentlichen Einrichtungen tragen zur Lichtverschmutzung bei.

In manchen Fällen könnte Lichtverschmutzung leicht reduziert werden, etwa indem auf Skybeamer oder auf unnötige oder zu helle Außenbeleuchtungen beispielsweise in Gärten oder auf Terrassen verzichtet wird. Gerade in Städten aber ist Licht aber auch ein Sicherheitsfaktor: Menschen fühlen sich in unbeleuchteten Straßen oder Parks unwohl oder haben sogar Angst.

# Lichtverschmutzung

**Leseverstehensaufgaben**

**1.** Vervollständige den folgenden Satz nach den Angaben im Text.

Wenn zu viel Licht den Blick auf die Sterne des Nachthimmels erschwert oder sogar unmöglich macht,

sprechen ______________________________ von Lichtverschmutzung.

**2.** Benenne die Auswirkungen, die von Lichtverschmutzung auf Menschen ausgehen können.

**3.** Gib an, welche Aussagen laut Text über die Auswirkungen von Lichtverschmutzung auf Tiere richtig sind. Mehrere Antworten sind richtig.

a) Lichtverschmutzung kann zur Folge haben, dass sie ihre Lebenszyklen nicht mehr regulieren können.
b) Lichtverschmutzung kann auch bei Tieren zu Kopfweh führen.
c) Künstliches Licht kann die Orientierungsfähigkeit von Tieren beeinträchtigen und ihre Fortpflanzung beeinflussen.
d) Künstliches Licht hat negative Folgen für die Nahrungsaufnahme von Vögeln.
e) Nachtaktive Insekten werden von Lichtquellen angelockt.

**4.** Vervollständige den folgenden Satz nach den Angaben im Text.

Der Hauptgrund für Lichtverschmutzung ist die zunehmende Ausbreitung von Städten und Siedlungen,

auch weil die ______________________________ immer weiter wächst.

# Osterei, Osterhase und Osterlamm



Osterei, Osterhase und Osterlamm sind häufige Symbole, die das Osterfest begleiten. Doch der Zusammenhang zwischen Eiern, Hasen und Lämmern auf der einen Seite und dem Osterfest auf der anderen Seite ist nicht sofort erkennbar. Woher also stammen diese Symbole?

Zunächst muss man wissen, dass vor Ostern eine vierzigtägige Fastenzeit zur Vorbereitung auf das Osterfest liegt. In dieser Zeit durften auch keine Eier gegessen werden. Deshalb sammelten sich in dieser Zeit viele Eier an. Ein Teil der Eier musste von den Bauern an ihre Landesherren abgeliefert werden. Die anderen erhielten in der Kirche einen speziellen Eiersegen und wurden bunt gefärbt, damit man sie von den ungeweihten Eiern unterscheiden konnte. Die häufigste Farbe war damals das Rot, weil diese Farbe auch für das Blut Christi stand. Das Osterei war so auch zugleich das Zeichen der Wiedergeburt und des Lebens. Der heute weit verbreitete Brauch, Ostereier zu verstecken bzw. sie zu suchen, entwickelte sich vermutlich im 17. Jahrhundert im Elsass.

Der Osterhase ist für uns heute meist derjenige, der die Ostereier bringt. Diese Vorstellung ist aber noch gar nicht so alt und geht auf die Spielzeug- und Süßwarenindustrie zurück. In anderen Ländern sind dafür die Hühner selbst, die Störche oder, wie in der Schweiz, auch der Kuckuck zuständig.

Hasen können bis zu 20 Junge pro Jahr haben und stehen deshalb vor allem für Fruchtbarkeit. Zugleich galten sie als Boten der germanischen Frühlings- und Fruchtbarkeitsgöttin Ostara. Von diesem Namen leitet sich möglicherweise auch der Begriff Ostern für das Auferstehungsfest Christi ab.

Das Lamm wiederum ist einerseits ein traditionelles Opfertier, das auch zum jüdischen Passahfest geschlachtet und gegessen wurde. Nach den Evangelien wurden auch während der Kreuzigung Jesu beziehungsweise während des Abendmahls Passah-Lämmer geschlachtet. Das Lamm steht so auch für die Auferstehung Jesu Christi. Zugleich ist das weiße Fell der Lämmer ein Symbol für Reinheit und Frieden und soll die Menschen dazu aufrufen, ein friedliches Leben zu führen.

## Leseverstehensaufgaben

**1.** Vervollständige den folgenden Satz nach den Angaben im Text.

Vor Ostern liegt eine vierzigtägige ______________________________ zur Vorbereitung auf das Osterfest, in der keine Eier gegessen werden durften.

**2.** Gib an, welche Aussagen laut Text über Ostereier richtig sind. Mehrere Antworten sind richtig.
a) Ostereier wurden im Elsass erfunden.
b) Ostereier wurden ursprünglich gefärbt, um sie von ungeweihten Eiern zu unterscheiden.
c) Ostereier waren häufig rot, weil die Farbe Rot für das Blut Christi stand.
d) Ostereier mussten von den Bauern an ihre Landesherren abgeliefert werden.

**3.** Benenne, wer laut Text für die heutige Vorstellung verantwortlich ist, dass der Osterhase die Ostereier bringt.

**4.** Gib an, welche Aussagen laut Text über Hasen richtig sind. Mehrere Antworten sind richtig.
a) Hasen können auch durch Störche, Hühner oder einen Kuckuck ersetzt werden.
b) Hasen können bis zu 20 Junge pro Jahr haben und stehen vor allem für Fruchtbarkeit.
c) Hasen heiβen auf Lateinisch Ostara. Von diesem Namen leitet sich auch der Begriff Ostern ab.
d) Hasen galten als Boten der germanischen Frühlings- und Fruchtbarkeitsgöttin Ostara.

**5.** Erläutere den Zusammenhang, der laut Text zwischen Lämmern und Jesus Christus besteht.

# Aktion „Sauberes Rheinufer"



Wie schon in den beiden vergangenen Jahren fand auch dieses Jahr am letzten Samstag im April wieder die große Freiwilligen-Aktion „Sauberes Rheinufer" statt, zu dem die Umwelt-AG der Gesamtschule Rheinbach aufgerufen hatte. Neben den in der Umwelt-AG aktiven Schülerinnen und Schülern selbst haben sich über 30 weitere Schülerinnen und Schüler aus Rheinbach am Samstagmittag in Gruppen aufgemacht, um an jeweils unterschiedlichen Abschnitten das Rheinufer im Gemeindebereich von allem zu säubern, was dort nicht hingehört. Eine Aktion, die auch bei Gemeinderat und -verwaltung Beachtung fand und von allen Verantwortlichen nicht nur unterstützt, sondern auch gelobt wurde.

Insgesamt haben die Schülerinnen und Schüler in ihrer vierstündigen Sammelaktion entlang des Rheinufers acht große Müllsäcke gefüllt. „Es ist schon verrückt, was die Leute alles wegwerfen oder verlieren", sagte die Nele Schneider, die Sprecherin der Umwelt-AG. Neben einem fast neuen Rollator und einer Zahnspange habe man auch eine Klobrille gefunden. Nele Schneider kündigte außerdem an: „Nächstes Jahr werden wir die Aktion sicher wieder durchführen!"

*(Rheinbacher Anzeiger vom 2. Mai)*

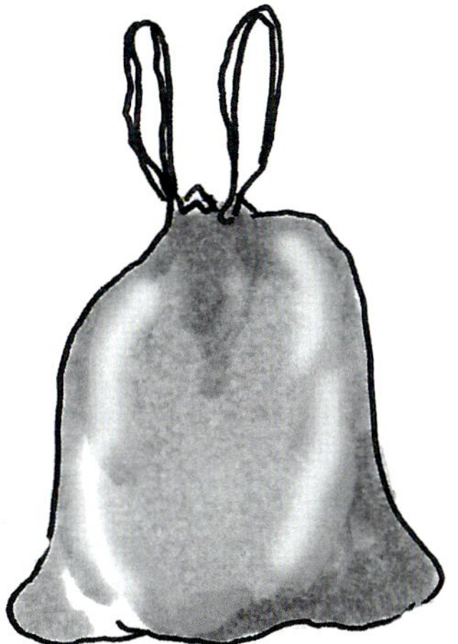

# Aktion „Sauberes Rheinufer"

**Leseverstehensaufgaben**

**1.** Gib an, wer zu der Aktion „Sauberes Rheinufer" aufgerufen hatte.

a) die Gemeindeverwaltung Rheinbach
b) der Gemeinderat Rheinbach
c) die Umwelt-AG der Gesamtschule Rheinbach
d) der Rheinbacher Anzeiger

**2.** Vervollständige den folgenden Satz nach den Angaben im Text.

Die Freiwilligen-Aktion „Sauberes Rheinufer" hat bisher insgesamt ______________________ stattgefunden.

**3.** Gib an, wer laut Text alles an der Freiwilligen-Aktion „Sauberes Rheinufer" teilgenommen hat. Mehrere Antworten sind richtig.

a) Schülerinnen und Schüler der Umwelt-AG der Gesamtschule Rheinbach
b) weitere 30 Schülerinnen und Schüler aus Rheinbach
c) einige Schülerinnen und Schüler aus der Umgebung außerhalb Rheinbachs

**4.** Gib wieder, wie viele Müllsäcke von den Sammlern gefüllt worden sind.

**5.** Benenne, welche kuriosen Fundstücke gefunden worden sind.

**6.** Gib wieder, was Nele Schneider für das kommende Jahr angekündigt hat.

# *Wels greift Mädchen an*



Am gestrigen Sonntag hat ein Wels ein Mädchen in einem Badesee im Neustädter Umland angegriffen. Das 14-jährige Mädchen schwamm in dem See in etwa 150 Metern Entfernung vom Ufer, als der Wels sie am Unterschenkel packte und in die Tiefe zu ziehen versuchte.

„Zum Glück ist meine Tochter eine gute Schwimmerin und konnte sich freistrampeln“, sagte der Vater des Mädchens auf unsere Nachfrage.

Das Mädchen schwamm nach ihrer Befreiung zurück zum Ufer und informierte dort ihren Vater, der sofort den Notarzt rief.

Ein Notarzt versorgte nach seinem Eintreffen die Bisswunden des Mädchens, das aber bei dem Angriff keine schwerwiegenderen Verletzungen erlitten hat. Allerdings hatte ihr der Wels mit seinen Bürstenzähnen schmerzhafte Schürfwunden zugefügt.

„Das ist die Angriffstaktik des Wels: Er saugt einen mit seinem riesigen Maul an und versucht sein Opfer dann nach unten zu ziehen“, meint der Biologe Martin Rieder von der Neustädter Universität. Die Breite des Maulabdrucks des Welses lässt auf einen etwa zwei Meter langen Fisch schließen. Möglicherweise hat sich der Riesenwels bei der Brutpflege von der Schwimmerin gestört gefühlt, vermutet der Fischkundler.

Badefreunde sollten sich durch den Vorfall ihr Schwimmvergnügen aber nicht nehmen lassen: Angriffe von Fischen auf Menschen kommen nur in sehr seltenen Fällen vor.

*(Neustädter Bote vom 11. August)*

# Wels greift Mädchen an

**Leseverstehensaufgaben**

**1.** Gib an, welche Aussagen über das Ereignis laut Text richtig sind. Mehrere Antworten sind richtig.

a) Der Angriff des Welses auf das Mädchen erfolgte am gestrigen Sonntag.
b) Der Angriff des Welses erfolgte in ungefähr 50 Meter Entfernung vom Ufer.
c) Der Fischangriff ereignete sich in einem breiten Fluss im Neustädter Umland.
d) Der Wels packte das Mädchen am Unterschenkel und wollte es in die Tiefe ziehen.
e) Der Wels biss das Mädchen darüber hinaus auch noch in den rechten Oberarm.

**2.** Vervollständige den folgenden Satz nach den Angaben im Text.

Der Vater des Mädchens sagte aus, dass seine Tochter eine gute ______________________ sei und sich freistrampeln konnte.

**3.** Benenne genau, welche Verletzungen das Mädchen durch den Angriff des Welses davongetragen hat.

**4.** Vervollständige den folgenden Satz nach den Angaben im Text.

Der Biologe Martin Rieder von der Neustädter Universität schätzt die Länge des Fisches aufgrund der Breite des Maulabdrucks des Welses auf etwa ______________________ Länge.

**5.** Nenne den Grund, weshalb Badefreunde sich durch den Vorfall ihr Schwimmvergnügen nicht nehmen lassen sollten.

# Wie Honig entsteht



Honig gehört zu den beliebtesten Nahrungsmitteln in Deutschland und gilt außerdem noch als gesund. Und klar, jeder weiß es: Bienen machen den Honig. Doch wie genau geht das vor sich?

Zunächst muss man wissen, dass sich Bienen von Blütennektar und Honigtau ernähren. Honigtau ist ein süßer Saft von Nadeln und Blättern, den zuvor schon Läuse gesammelt und in Tröpfchen wieder ausgeschieden haben. Um Blütennektar und Honigtau zu bekommen, fliegen sie von Blüte zu Blüte und sammeln diese zuckerhaltigen Substanzen mit ihren Rüsseln. Von dort aus gelangt die Mischung in den sogenannten Honigmagen der Bienen.

Um für den Winter Vorräte zu haben, pumpen die Bienen diese Mischung aber wieder aus dem Magen heraus, wenn sie im Bienenstock zurück sind, und übergeben ihn den anderen Arbeitsbienen, die ihren Honigmagen damit füllen. Dort werden die Pflanzensäfte mit Stoffen, den sogenannten Enzymen, vermischt, die auf den Zucker wirken. Nach einer Weile gibt die Biene den weiter gereiften Pflanzensaft an eine andere Biene im Stock, die ihn wiederum mit Enzymen versetzt und danach weitergibt. Durch diese wiederholte Weitergabe wird dem Pflanzensaft auch Wasser entzogen, sodass er immer dickflüssiger wird.

Ist dieser Prozess abgeschlossen, ist also aus dem Nektar der noch unreife Honig geworden, lagern die Stockbienen die süße Masse zunächst in offenen Waben. Offen sind die Waben, damit weiter Wasser aus dem unreifen Honig ausdünstet werden kann. Mehrfach wird dieser Honig von Arbeiterinnen umhergetragen und, falls nötig, noch weiter mit Enzymen versetzt. Erst wenn der Honig trocken genug ist, verschließen die Arbeiterinnen die Waben mit Wachs, das sie im Körper produzieren.

Nun tritt der Imker in Erscheinung und nimmt den Bienen den mühsam gefüllten Rahmen mit den vollen Waben weg, schabt die Wachsschicht, mit der die Waben verschlossen sind, herunter und kann dann mithilfe einer Maschine den Honig aus dem Waben herausschleudern und in Gläser füllen.

Damit die Bienen über den Winter kommen, werden sie mit speziellem Bienenfutter oder einer Zuckerlösung gefüttert. Das ist auch der Hauptgrund, aus dem Menschen, die sich vegan ernähren, keinen Honig essen. Für sie ist es nicht vertretbar, den Bienen ihr Futter wegzunehmen und durch künstliche Nahrung zu ersetzen.

# Wie Honig entsteht

**Leseverstehensaufgaben**

**1.** Benenne, wovon sich Bienen laut Text ernähren.

**2.** Erläutere, was man unter „Honigtau“ versteht.

**3.** Vervollständige den folgenden Satz nach den Angaben im Text.

Wenn die Bienen im Bienenstock zurück sind, pumpen sie die Mischung aus Blütennektar und Honigtau wieder

aus dem ______________________________ heraus.

**4.** Gib an, welche Aussagen über das Entstehen von Honig laut Text richtig sind. Mehrere Antworten sind richtig.

a) Die Bienen sammeln den Blütennektar mithilfe ihre Beine, an denen er kleben bleibt.
b) Im Honigmagen der Bienen wird der Pflanzensaft mit Enzymen versetzt, der auf den Zucker einwirkt.
c) Durch die wiederholte Weitergabe im Bienenstock wird dem Pflanzensaft auch Wasser entzogen, sodass er immer dickflüssiger wird.
d) Bevor der Honig in den Waben mit Wachs verschlossen wird, muss er erst noch weiter austrocknen.

**5.** Erkläre, warum manche Menschen keinen Honig essen wollen.

# Der echte Nikolaus



Anders als das Christkind oder der Osterhase geht der bei vielen Kindern beliebte Brauch, geputzte Stiefel vor die Tür zu stellen, die dann über Nacht vom Nikolaus mit Naschwerk wie Schokolade oder Lebkuchen gefüllt werden, auf einen echten Menschen zurück.

Der echte Nikolaus war der heute von Katholiken als Heiliger verehrte Nikolaus von Myra, der um das Jahr 280 in Patara geboren wurde, einer Stadt an der kleinasiatischen Südküste. Nikolaus wurde mit 19 Jahren von seinem Onkel, der ebenfalls Nikolaus hieß und Bischof war, zum Priester geweiht. Anschließend wurde er zunächst Abt des Klosters Sion in der Nähe von Myra, einem Ort in der heutigen Türkei. Später wählte man Nikolaus zum Bischof von Myra. Belegt ist dabei, dass der Sohn reicher Eltern sein geerbtes Vermögen an die Armen verschenkte.

Die berühmteste Erzählung über Nikolaus sagt so etwa, dass er einer Familie geholfen hat, die so in Not geraten war, dass die drei Töchter der Familie sich als Dirnen anbieten mussten. Als Nikolaus vom Elend der Familie erfuhr, hat er drei Goldklumpen in Form von Äpfeln vorsichtig durch ein Fenster in das Zimmer geworfen, in dem die Mädchen schliefen, und sich leise wieder davongemacht. Nachdem die Familie das Gold entdeckt hatte, konnten die Mädchen nicht nur sofort aufhören, als Dirnen zu arbeiten, sondern hatten auch genug Geld, um heiraten zu können. Wegen dieser Tat wird Nikolaus von Myra in der Kunst öfter mit drei Äpfeln dargestellt. Es gibt darüber hinaus noch zahlreiche weitere Nikolauslegenden, also historisch nicht belegte Erzählungen über Nikolaus.

Historisch verbürgt ist dagegen, dass er am Konzil von Nizäa im Jahr 325 teilgenommen hat. Auf diesem Konzil wurde das Glaubensbekenntnis der christlichen Kirche beschlossen, welches bis heute Gläubige verbindet. Um das Jahr 350 ist Nikolaus gestorben. Der Namenstag des heiligen Nikolaus ist der 6. Dezember, weil das vermutlich der Todestag des Bischofs war. Später flossen in die Biografien von Nikolaus von Myra auch noch Elemente des Lebens von Nikolaus von Sion ein, der etwa dreihundert Jahre später lebte.

Nikolaus von Myra werden bis heute die Werte Hilfsbereitschaft, Ehrlichkeit und Güte zugeschrieben, weshalb den Nikolaustag auch Menschen begehen können, die keine Christen sind. Anderen einfach mal etwas Gutes zu tun, ist ein Wert, der an keine Religion gebunden ist.

# Der echte Nikolaus

**Leseverstehensaufgaben**

**1.** Vervollständige den folgenden Satz nach den Angaben im Text.

Der Nikolausbrauch geht auf einen ______________________ Menschen zurück.

**2.** Gib an, wann Nikolaus von Myra gelebt hat.

a) 350 – 280 v. Chr. b) 280 bis 350 n. Chr. c) 325 bis 380 n. Chr.

**3.** Gib an, welche Aussagen über das Leben von Nikolaus von Myra richtig sind. Mehrere Antworten sind richtig.

a) Nikolaus von Myra hatte einen Bruder, der ebenfalls Nikolaus hieß und später Bischof in Sion war.
b) Nikolaus von Myra war der Sohn reicher Eltern und erbte deshalb später ein Vermögen.
c) Nikolaus von Myra wurde von seinem Onkel, der ebenfalls Nikolaus hieß, zum Priester geweiht.
d) Nikolaus von Myra war der erste Bischof auf dem Gebiet der heutigen Türkei.
e) Nikolaus von Myra hat im Jahr 325 am Konzil von Nizäa teilgenommen.

**4.** Erkläre, warum Nikolaus von Myra in der Kunst öfter mit drei Äpfeln dargestellt wird.

**5.** Erkläre, warum man den Nikolaustag auch begehen kann, wenn man kein Christ ist.

# Der menschliche Schlaf

SACHTEXT 11

MITTEL

Schlafen ist für den Menschen von zentraler Bedeutung: Sowohl der Körper als auch unser Gehirn brauchen die Zeit, um sich zu erholen und neue Kraft zu schöpfen.

Während wir schlafen, durchlaufen wir verschiedene Schlafphasen. Insgesamt gibt es fünf dieser Phasen, die sich alle voneinander unterscheiden. In der ersten Phase sind wir noch nicht vollständig eingeschlafen, unser Körper und unser Geist beginnen jedoch langsam, sich zu entspannen. In der zweiten Phase wird unser Körper tiefer in den Schlaf versetzt, unsere Körpertemperatur sinkt und unsere Herzfrequenz verlangsamt sich. Die Phasen drei und vier sind die Tiefschlafphasen, in denen sich unser Körper und unser Geist am meisten erholen. In diesen Phasen werden Hormone ausgeschüttet, die uns helfen, uns zu erholen und zu regenerieren. Phase vier ist dabei die Phase des mitteltiefen Schlafes und Phase 5 die des sehr tiefen Schlafes.

Die fünfte und letzte Phase des Schlafs wird auch als REM-Schlaf bezeichnet. Während dieser Phase bewegen sich unsere Augen schnell hin und her und unser Gehirn ist sehr aktiv. Der REM-Schlaf ist wichtig für unser Gehirn, da er uns hilft, Informationen zu verarbeiten, d. h. zu lernen, und unsere Erinnerungen zu stärken.
Die REM-Schlafphase ist übrigens auch die Zeit, während der wir träumen.

Obwohl wir alle Schlaf brauchen, kann das Einschlafen manchmal schwierig sein, besonders wenn wir gestresst sind oder Sorgen haben. Es gibt jedoch einige Dinge, die wir tun können, um das Einschlafen zu erleichtern.
Eine der besten Methoden ist, eine entspannende Routine vor dem Schlafengehen zu etablieren. Zum Beispiel können wir eine warme Dusche nehmen, lesen oder ruhige Musik hören. Eine weitere Methode ist, elektronische Geräte wie Handys oder Tablets auszuschalten, da das Licht dieser Geräte unser Gehirn stimulieren und das Einschlafen erschweren kann.

Auch das Aufwachen kann für manche Menschen schwierig sein, insbesondere wenn sie nicht genug Schlaf bekommen haben oder wenn sie unter Stress stehen. Die beste Möglichkeit, das Aufwachen zu erleichtern, besteht darin, eine regelmäßige Schlafenszeit einzuhalten, damit unser Körper und unser Gehirn sich daran gewöhnen können.

**Leseverstehensaufgaben**

1. Gib an, warum Menschen schlafen müssen.
   a) um sich zu erholen und neue Träume entstehen zu lassen
   b) um sich zu erholen und neue Kraft zu schöpfen
   c) um neue Kraft zu schöpfen und neue Träume entstehen zu lassen

2. Erkläre, warum die Schlafphasen 3 und 4 manchmal zusammengefasst werden.

3. Erläutere, aus welchen Gründen die REM-Schlafphase eine besondere Schlafphase ist.

4. Vervollständige den folgenden Satz nach den Angaben im Text.

   Obwohl wir alle Schlaf brauchen, kann das Einschlafen ______________________ sein, besonders wenn wir gestresst sind oder Sorgen haben.

5. Vervollständige den folgenden Satz nach den Angaben im Text.

   Die beste Möglichkeit, das Aufwachen zu erleichtern, besteht darin, eine regelmäßige ___________________________ einzuhalten.

# Die Walz



Die sogenannte „Walz“ ist eine traditionelle Handwerkerreise, die von zünftigen Gesellen, auch Wandergesellen genannt, unternommen wird, um ihr Handwerk zu perfektionieren und neue Erfahrungen zu sammeln. Es handelt sich dabei um eine mehrjährige Reise, bei der die Gesellen durch verschiedene Regionen und/oder Länder ziehen und sich in verschiedenen Betrieben und Werkstätten als Geselle bewerben, um dort ihr handwerkliches Können zu verbessern.

Die Walz hat ihren Ursprung im Mittelalter, als Handwerker ihre Heimat verlassen mussten, um ihre Ausbildung abzuschließen und als Meister zurückzukehren. Später entwickelte sich die Walz zu einer Tradition, die den Gesellen die Möglichkeit bot, ihr Handwerk in verschiedenen Regionen zu erlernen und ihre Fertigkeiten zu verbessern, bevor sie sich als Meister niederlassen.

Die Walz beginnt traditionell mit der Gesellenprüfung, bei der die Gesellen ihr berufliches Können unter Beweis stellen müssen. Nach bestandener Prüfung erhalten sie den Gesellenbrief, der ihnen das Recht gibt, als Geselle zu arbeiten und auf Walz zu gehen.

Während der Walz müssen die Gesellen auf sich allein gestellt sein und für sich selbst sorgen. Sie tragen eine typische Kleidung, die aus einem schwarzen Anzug, einem Zylinderhut und einem Stenz genannten Wanderstab besteht. Der Stenz hat eine wichtige Funktion, denn er dient als Zeichen der Zugehörigkeit zu den Wandergesellen.

Während ihrer Reise müssen die Gesellen auch bestimmte Regeln und Traditionen einhalten. So darf der Handwerkerreisende in seiner Reisezeit einen Bannkreis von meist 50 km um seinen Heimatort nicht betreten, auch nicht im Winter oder zu Feiertagen. Er darf kein eigenes Fahrzeug besitzen und bewegt sich nur zu Fuß oder per Anhalter fort. Öffentliche Verkehrsmittel sind zwar nicht verboten, aber verpönt. Die Walz ist eine wichtige Tradition im Handwerk, die bis heute gepflegt wird. Um die Welt auf diese traditionelle Art bereisen zu können, müssen einige Voraussetzungen erfüllt sein. Auf die Wanderschaft darf heute nur gehen, wer die Gesellenprüfung bestanden hat, ledig, kinderlos, schuldenfrei und unter 30 Jahre alt ist.

# Die Walz

**Leseverstehensaufgaben**

**1.** Gib an, welche Aussagen über die Walz richtig sind. Mehrere Antworten sind richtig.
a) Bei der Walz handelt es sich um eine mehrjährige Reise.
b) Die Walz hat ihren Ursprung im Altertum.
c) Die Walz dient den Handwerkern dazu, ihre Fähigkeiten zu verbessern.
d) Die Walz beginnt traditionell mit der Meisterprüfung.

**2.** Vervollständige den folgenden Satz nach den Angaben im Text.

Während der Walz müssen die Gesellen auf sich ______________________ gestellt sein und

für sich ______________________ sorgen.

**3.** Erläutere, was ein „Stenz" ist und welche Bedeutung er hat.

**4.** Gib an, welche Regeln laut Text für eine Walz heute gelten. Mehrere Antworten sind richtig.
a) Auf die Walz dürfen nur Lehrlinge gehen.
b) Während der Wanderschaft darf man seinem Heimatort nicht näher als 50 Kilometer kommen.
c) Die Benutzung öffentlicher Verkehrsmittel ist strikt verboten.
d) Auf die Wanderschaft darf heute nur gehen, wer als Geselle ledig, kinderlos, schuldenfrei und unter 30 Jahre alt ist.

# Wie Steine entstehen



Steine entstehen im Wesentlichen auf drei verschiedene Arten. Nach der Art ihrer Entstehung werden auch die drei Hauptgesteinsarten unterschieden.

Zunächst sind da die sogenannten magmatischen Gesteine. Der Ausdruck verweist auf das Magma, also die heiße, flüssige Masse im Erdinnern, die eigentlich nichts anderes ist als flüssiges Gestein. Kommt es zu einem Vulkanausbruch tritt dieses flüssige Magma aus und heißt dann „Lava“. Wenn die Lava erkaltet, entstehen je nach Abkühlungsgeschwindigkeit unterschiedliche Gesteine, z. B. Bimsstein oder Basalt. Manchmal schafft es das Magma aber auch gerade nicht, an die Erdoberfläche zu gelangen und erstarrt dann. So entsteht zum Beispiel Granit, das erst durch Abtragung von Erdschichten und Bewegungen der Erdkruste an die Erdoberfläche gebracht wird, ein Vorgang, der viele tausend Jahre dauern kann.

Steine können aber auch durch Sedimentierung entstehen. Das klingt kompliziert, ist aber einfach. Zunächst: In dem Wort „Sediment“ steckt das lateinische Wort für „sitzen“. Sedimentgesteine sind also „Setzsteine“. Ein typisches Sedimentgestein ist etwa Sandstein, der dadurch entsteht, dass sich Sand, in dem sich verschiedene Beimengungen wie zum Beispiel Ton befinden, absetzt und dann zusammengepresst wird. Dies geschieht vor allem in den küstennahen, flachen Meerregionen. Ein anderes Sedimentgestein ist der Kalkstein, der meist aus Ablagerungen von Lebewesen gebildet wurde. Gemeint sind damit Mikroorganismen, aber auch Korallen, Schnecken oder Muscheln. Sterben solche Lebewesen, sinken die härteren Bestandteile, z. B. Muschelschalen, nach unten und können dann einen Schlamm bilden, der mit der Zeit verhärtet.

Drittens schließlich gibt es die sogenannten metamorphen Gesteine, was nichts anderes heißt als „Umwandlungsgesteine“. Das sind Steine, die sich durch Umwandlung aus anderen Gesteinsarten herausbilden, wozu entweder ein hoher Druck oder eine hohe Temperatur notwendig ist. Bei einer solchen Umwandlung ändert sich dann die Mineralienzusammensetzung des Gesteins und ein neuer Stein entsteht. An der Erdoberfläche können solche neuen Gesteine in Gebirgen entstehen. Bekannteste Beispiele sind die Umwandlung durch hohen Druck von Kalksteinen zu Marmor und von Magmagestein zu Gneis.

# Wie Steine entstehen

Eine besondere Gesteinsart ist darüber hinaus das Meteoritengestein, das aus dem Weltraum auf die Erde gelangt. Solche Steine sind selten, aber umso interessanter für die Wissenschaft, weil sie zahlreiche Minerale enthalten können, die sich nicht in anderen Gesteinen irdischen Ursprungs finden lassen.

**Leseverstehensaufgaben**

**1.** Vervollständige den folgenden Satz nach den Angaben im Text.

Magma ist eigentlich nichts anderes als ______________________ Gestein.

**2.** Erkläre, was man laut Text unter „Lava“ versteht.

**3.** Erläutere, wie Granit entsteht.

**4.** Vervollständige den folgenden Satz nach den Angaben im Text.

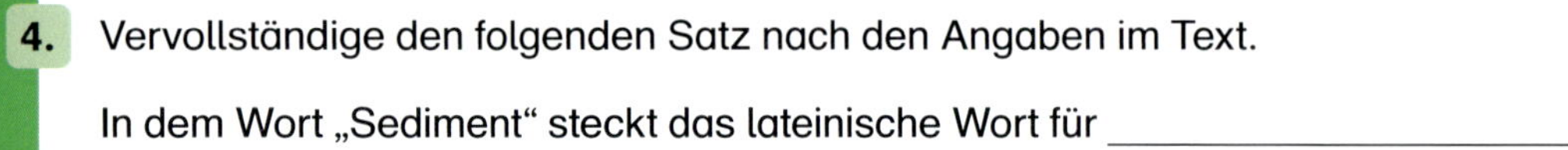

In dem Wort „Sediment“ steckt das lateinische Wort für ______________________.

**5.** Erläutere, unter welchen Bedingungen eine Gesteinsumwandlung nur möglich ist.

**6.** Begründe, inwieweit das Meteoritengestein eine besondere Gesteinsart ist.

# Die ägyptischen Pyramiden



Obwohl es mehr als hundert Pyramiden in Ägypten gibt, denkt man sofort an die Cheopspyramide in Gizeh, wenn der Begriff „Pyramide" fällt. Bis heute ist nicht abschließend geklärt, wie es die alten Ägypter vor über 4500 Jahren geschafft haben, ein solches Bauwerk, eines der sieben Weltwunder der Antike, zu errichten:
Auf einer Grundfläche von 53.000 m² wurden über 2,5 Millionen Steinblöcke mit einem Mindestgewicht von 2,5 Tonnen bis auf 146 Meter Höhe aufeinandergesetzt.

Die Steinblöcke der Pyramide sind dabei so genau gefertigt, dass gerade einmal ein dickeres Blatt Papier zwischen die Steinreihen passt. Auch sonst hatten die alten Ägypter eine Messgenauigkeit, z. B. bei den Winkeln, die heute nur dank modernster Technologie erreicht wird. Die alten Ägypter hatten zwar keine modernen Werkzeuge und Technologien, aber sie waren sehr geschickt und kreativ darin, Materialien und Ressourcen zu nutzen, die ihnen zur Verfügung standen. Es wird angenommen, dass die alten Ägypter bei der Konstruktion der Pyramide ein umfassendes Verständnis der Mathematik, Physik und Astronomie hatten. Sie haben die Arbeit in Teams organisiert, die von erfahrenen Architekten und Ingenieuren geleitet wurden. Die Steine wurden mit einfachen Werkzeugen wie Kupfermeißeln und -hämmern geschnitten und geformt, wobei Sand und Wasser zum Schleifen und Polieren verwendet wurden. Vermutlich haben Tausende von Arbeitern an der Pyramide gearbeitet, darunter Architekten, Steinmetze, Zimmerleute, Schreiner, Tischler und Sklaven.

Die Arbeit an der Pyramide wurde das ganze Jahr über durchgeführt, aber während der Nilschwemme, wenn die Feldarbeit unterbrochen wurde, waren mehr Arbeitskräfte verfügbar. Schätzungen gehen dahin, dass während dieser Zeit bis zu 100.000 Arbeiter an der Pyramide gearbeitet haben könnten. Man geht davon aus, dass der Bau der Pyramide rund 20 Jahre gedauert haben könnte, obwohl es keine genauen Aufzeichnungen gibt, um dies zu bestätigen.

Die Pyramiden wurden als Grabstätten errichtet, um den Körper des verstorbenen Königs zu beherbergen und ihm den Übergang ins Jenseits zu erleichtern. Zugleich wurden in den Pyramiden auch die Schätze und Reichtümer des Königs oder auch der Königin beigesetzt, die sie im Leben gesammelt hatten, damit sie diese im Jenseits nutzen konnten. Die Pyramiden waren so auch Symbole der Macht und des Reichtums, erforderte die Errichtung einer Pyramide doch eine enorme Menge an Arbeit und Ressourcen, die nur von einer wohlhabenden und mächtigen Gesellschaft geleistet werden konnten.

# Die ägyptischen Pyramiden

**Leseverstehensaufgaben**

**1.** Gib an, welche Aussagen in dem Text enthalten sind. Mehrere Antworten sind richtig.

a) Die Cheopspyramide hat eine Grundfläche von 53.000 $km^2$

b) Die Cheopspyramide hatte eine Höhe von 146 Metern.

c) Für die Cheopspyramide wurden über 2,5 Millionen Steinblöcke verarbeitet.

d) Die Steinblöcke in der Cheopspyramide hatten ein Mindestgewicht von 2,5 Tonnen.

**2.** Vervollständige den folgenden Satz nach den Angaben im Text.

Die Steinblöcke der Pyramide sind dabei so genau gefertigt, dass gerade einmal ein dickeres

________________________ zwischen die Steinreihen passt.

**3.** Benenne, in welchen Wissenschaften die alten Ägypter ein umfassendes Wissen hatten.

**4.** Benenne, wie lange der Bau der Cheopspyramide schätzungsweise gedauert hat.

**5.** Erkläre, welche doppelte Funktion die Pyramiden hatten.

# Die Geschichte des Fahrrads



Die Geschichte des Fahrrads reicht über zweihundert Jahre zurück und führt nach Karlsruhe, wo 1817 Karl Drais ein Laufrad entwickelt hatte, das in der Bauart den heutigen Laufrädern für kleine Kinder ähnelte, wenn es auch der Größe nach an einen Erwachsenen angepasst war und überwiegend aus Holz bestand. Der Fahrer saß auf einem gepolsterten Teil des Rahmens, an dem die beiden Räder befestigt waren. Das Vorderrad war lenkbar und die sogenannte Draisine hatte sogar eine einfache Bremse am Hinterrad. Das Rad wog weniger als 25 Kilogramm und war sogar schneller als eine Postkutsche. Die erste längere Fahrt führte Drais am 12. Juni 1817 von der Mannheimer Innenstadt nach Schwetzingen und zurück. Dabei erreichte er eine Geschwindigkeit von bis zu 15 km/h.

Die nächste revolutionäre Entwicklung gelang dem Franzosen Ernest Michaux und seinem Sohn. Nachdem schon zuvor mit Tretkurbelantrieben experimentiert worden war, bauten diese beiden ein Tretkurbelrad mit Metallrahmen, gefederten Sattelträgern, Bremsen und Speichenrädern mit Vollgummibereifung. Dieses Fahrrad, auch „Michauline“ genannt, das als direkter Vorläufer des Hochrades gilt, war auch das erste Rad, das in größerem Rahmen industriell produziert worden war: In einer eigens errichteten Fabrik wurden bis 1870 immerhin über 6000 Räder produziert. Trotz der Tretkurbeln konnte die Geschwindigkeit der Draisine aber nicht übertroffen werden.

Das änderte sich mit dem Hochrad, bei dem das Vorderrad zunächst etwa dreimal so groß wie das Hinterrad war, wobei in der Folgezeit der Radumfang des Vorderrades immer weiter vergrößert wurde. Allein in Deutschland gab ab 1868 mindestens 37 Hersteller von solchen Hochrädern. Doch wegen des hohen Schwerpunkts kam es häufig zu schweren Stürzen.

Bald darauf setzte sich eine zentrale Veränderung der Konstruktion durch: Der Antrieb wurde auf das Hinterrad verlagert. Das erste Rad im modernen Sinne baute dann der Engländer John Kemp Starley; seine Konstruktion hat sich im Wesentlichen bis heute erhalten. Der britische Tierarzt John Boyd Dunlop war schließlich derjenige, der Luftreifen entscheidend verbesserte und ihnen zum Durchbruch verhalf. Auch wenn in der Folge und bis heute immer weitere Verbesserungen vorgenommen worden sind, kann man doch sagen, dass es Ende des 19. Jahrhunderts Fahrräder im heutigen Sinne gegeben hat.

# Die Geschichte des Fahrrads

**Leseverstehensaufgaben**

**1.** Benenne, welcher Erfinder als „Urvater“ des Fahrrades bezeichnet werden kann.

**2.** Gib an, welche Aussage laut Text über die Draisine richtig ist.

a) Die Draisine war ein Laufrad aus Holz, das in der Bauart den heutigen Laufrädern für kleine Kinder ähnelte.

b) Die Draisine wog weniger als 15 Kilogramm und erreichte eine Geschwindigkeit von bis zu 25 km/h.

c) Die Draisine hatte ein lenkbares Vorderrad mit Bremse.

**3.** Ordne den folgenden Namen die jeweils richtige Erfindung zu.

| Namen | Erfindungen |
|---|---|
| Ernest Michaux | Luftreifen |
| John Boyd Dunlop | Hinterradantrieb |
| John Kemp Starley | Tretkurbelrad |

**4.** Benenne, welches Problem es mit den sogenannten Hochrädern gegeben hat.

**5.** Vervollständige den folgenden Satz nach den Angaben im Text.

Trotz vieler späterer Verbesserungen hat es Ende des ______________________ Fahrräder im heutigen Sinne gegeben.

# Ernährungsformen



Biologisch gesehen sind Menschen Allesfresser, doch heute nehmen viele Menschen aus den unterschiedlichsten Gründen Einschränkungen bei ihrer Ernährung vor: Die einen essen zwar kein Fleisch, wohl aber tierische Produkte; andere verzichten auf Lebensmittel, die Gluten und/oder Lactose enthalten, und wieder andere schwören auf Rohkost. Hier die wichtigsten Ernährungsformen im Überblick:

Menschen, die sowohl auf Fleisch als auch auf Fisch und Meeresfrüchte verzichten, nennt man Vegetarier. Vegetarier essen aber tierische Produkte wie zum Beispiel Honig, Eier und Milch, auch in weiterverarbeiteter Form, z. B. als Käse oder Joghurt. Menschen, die zusätzlich keine Milch oder Eier zu sich nehmen, werden als Lacto- bzw. Ovo-Vegetarier bezeichnet.

Menschen, die ganz auf tierische Produkte verzichten, nennt man Veganer. Diese Ernährungsform geht auch mit einem Lebenswandel einher, denn auch außerhalb ihrer Ernährung verzichten diese Menschen auf tierische Produkte, z. B. auf Leder.

Die größten Einschränkungen nehmen die Frutarier in Kauf: Sie essen kein Fleisch, keinen Fisch, keine tierischen Lebensmittel und keine pflanzlichen Produkte, deren Ernte die Pflanze schädigt. Zum Beispiel essen sie keine Kartoffeln oder Karotten, weil diese Pflanzen bzw. deren Früchte nicht nachwachsen können, dafür aber z. B. Tomaten oder Hülsenfrüchte.

Flexitariern geht es vor allem um eine gesunde Ernährungsweise und artgerechte Tierhaltung. Flexitarier verzichten also nicht generell auf Fleisch und tierische Produkte, konsumieren diese aber bewusster und achten auf eine hohe Qualität der Nahrungsmittel, zu der auch der Tierschutz zählt: Zum Beispiel essen Flexitarier keine Fleischprodukte von Tieren aus Massentierhaltung.

Ein vergleichsweiser neuer Trend ist das Clean Eating. Hier geht es vor allem darum, dass das Essen gesund sein soll, was zugleich bedeutet, dass es frisch und frei von Zusatzstoffen zu sein hat. Auf verarbeitete Lebensmittel sowie Weißmehl und Zucker wird ganz verzichtet.

Nachhaltigkeit steht im Zentrum der Slow-Food-Liebhaber: Es werden vor allem regionale, fair gehandelte Produkte in Bioqualität gegessen, um die traditionelle Landwirtschaft zu fördern. Das Essen soll gesund und lecker sein, aber ohne dabei der Natur, den Tieren oder Menschen zu schaden.

## Leseverstehensaufgaben

**1.** Vervollständige den folgenden Satz nach den Angaben im Text.

Auch wenn viele Menschen Einschränkungen bei ihrer Ernährung vornehmen,

so sind Menschen doch aus biologischer Sicht ______________________________.

**2.** Gib an, welche Aussagen über die verschiedenen Ernährungsformen laut Text richtig sind. Mehrere Antworten sind richtig.

a) Vegetarier essen keine tierische Produkte wie zum Beispiel Honig, Eier und Milch.
b) Vegetarier verzichten sowohl auf Fleisch als auch auf Fisch und Meeresfrüchte.
c) Menschen, die kein Fleisch und keine Milch bzw. keine Eier essen, nennt man Veganer.
d) Veganer verzichten auch außerhalb ihrer Ernährung auf tierische Produkte.
e) Frutarier essen keine Pflanzen bzw. deren Früchte, die nicht nachwachsen können.
f) Frutarier essen nur Rohkost.

**3.** Erläutere, was für Anhänger des Clean Eating wichtig ist.

**4.** Erkläre, welche Gemeinsamkeit zwischen Flexitariern und Slow-Food-Liebhabern besteht.

# Geschichte der vermeintlichen Hexen



Klar, heute wissen wir es alle: Hexen gab und gibt es nicht. Blickt man in der Geschichte jedoch zurück, so zeigt sich, dass die Menschen über lange Zeit eben sehr wohl an Zauberer und Hexen glaubten. In der Antike unterschied man noch genau zwischen gutem und bösem Zauber und so gab es keine allgemeine Hexenverfolgung.

Eine grundlegende Veränderung bewirkte hier erst das Christentum, weil nach Ansicht des Heiligen und Kirchengelehrten Augustinus von Hippo (354–430 v. Chr.) Magie einen Pakt mit dem Teufel voraussetzte und deshalb an sich verwerflich war. Doch noch waren Hexenverfolgungen nur Randerscheinung, was vor allem daran lag, dass Augustinus selbst magische Handlungen für wirkungslos hielt. Zwar gab es Schilderungen von sich wild gebärdenden Frauen, die sich tanzend und fliegend mit dem Teufel verbündeten, doch hielt man solche Schilderungen eher für Wahnvorstellungen der Frauen als für ein reales Geschehen. Todesurteile gar blieben bis ins 13. Jahrhundert die große Ausnahme, als wieder ein bedeutender Kirchenlehrer, der italienische Philosoph und Theologe Thomas von Aquin (um 1225–1274), nicht glaubte, dass Magie letztlich folgenlos blieb. Vielmehr nahm er an, dass Zaubereien wie das Fliegen oder eine Tierverwandlung mithilfe des Teufels tatsächlich bewerkstelligt werden konnten. Für ihn waren solche Magie treibenden Frauen gefährliche Frauen. Damit schuf er die gedanklichen Voraussetzungen der späteren massenhaften Verfolgung von Hexen und ihrer Hinrichtung vor allem durch Verbrennung. Und schon bald setzte die Kirche Strafverfolger, Inquisitoren, ein, die vor allem im süddeutschen Raum und in der Schweiz Jagd auf Hexen machten. Bekanntester Inquisitor ist der deutsche Dominikanermönch Heinrich Kramer (um 1430–um 1505), der auch das berühmt gewordene Buch „Der Hexenhammer" hauptverantwortlich verfasst hatte. Weil zugleich Ende des 15. Jahrhunderts Hungersnöte und Epidemien der Bevölkerung zusetzten, war man gerne bereit, dafür die Hexen verantwortlich zu machen. Viele Tausend Frauen verloren in dieser Zeit ihr Leben.

Erst gegen Ende des 17. Jahrhunderts ließen die massiven Hexenverfolgungen nach. Als Europas letzte „Hexe" gilt heute die Schweizerin Anna Göldin, die am 18. Juni 1782 zunächst gefoltert, dann mit dem Schwert hingerichtet wurde. Der Fall sorgte aber zugleich auch für hitzige öffentliche Diskussionen, in deren Folge auch nach und nach die Rechtsprechung umgestellt wurde.

## Leseverstehensaufgaben

**1.** Vervollständige den folgenden Satz nach den Angaben im Text.

Ein Blick in die Geschichte zeigt, dass die Menschen über ______________________________ sehr wohl an Zauberer und Hexen glaubten.

**2.** Gib an, was der Kirchenlehrer Augustinus von Hippo laut Text angenommen hat.
a) Er nahm an, dass Frauen zu Wahnvorstellungen neigen.
b) Er nahm an, dass der Teufel nur in der Fantasie und im Volksglauben existiert.
c) Er nahm an, dass Magie einen Pakt mit dem Teufel voraussetzte und verwerflich war.

**3.** Erkläre, warum Hexenverfolgungen zunächst Randerscheinungen geblieben sind.

**4.** Erkläre, warum es im 13. Jahrhundert zu einer Veränderung im Umgang mit Hexen gekommen ist.

**5.** Erläutere, weshalb die Bevölkerung lange dazu bereit war, an Hexen zu glauben.

**6.** Erkläre, warum Ende des 18. Jahrhunderts die Rechtsprechung bezüglich der Hexenverfolgung schließlich geändert worden ist.

# Seide



Seide ist schon seit Jahrtausenden bekannt und war lange ein Luxusgut, das sich nur die Reichen leisten konnten. „Halbseiden" nennt man bis heute unseriöse Personen oder Vorgänge. Das geht auf die Streckung von Seidenstoffen durch einfaches Garn oder Baumwolle zurück, damit man reicher aussah, als man tatsächlich war. Heute ist Seide längst nicht mehr so teuer wie in früheren Jahrhunderten, aber immer noch ein besonderer Stoff: Seide lässt sich um rund 15 Prozent dehnen, ohne dass sie reißt. Sie kann bis zu 30 Prozent ihres Eigengewichts an Feuchtigkeit aufnehmen, ohne sich nass anzufühlen. Ihre Oberfläche ist Schmutz abweisend und unempfindlich gegenüber Gerüchen. Seide trocknet schnell und ist knitterarm. Und Seide kühlt bei Hitze und wärmt bei Kälte.

Seide wird aus dem Kokon der Larve des Seidenspinners, auch als Maulbeerspinner bekannt, gewonnen. Dieser Schmetterling ist vor allem in China beheimatet, Seide wird aber auch in Japan und Indien hergestellt.

Die Larve des Seidenspinners ist kurz nach der Geburt zunächst winzig klein und frisst sich danach an den Blättern des Maulbeerbaumes in nur vier Wochen etwa das 40.000-fache ihres Schlüpfgewichts an. Jetzt ist die Larve ungefähr fingerdick. Die Verwandlung kann beginnen. Bevor sich die Raupe verpuppt, spinnt sie erst einmal ein Seidengewirr zwischen Grashalmen und Zweigen als Verankerung für den Kokon. Dieses Seidengewirr nennt man Flockseide. Darin spinnt sie nun einen Faden von rund 3000 Metern um sich, wobei sich die Raupe achtförmig bewegt. Danach ruht sie. Man spricht in dieser Phase von der Puppe.

Nach 18 Tagen würde ein weißer, wollig-behaarter Schmetterling herausschlüpfen, wenn man nicht eingriffe. Der Schmetterling würde nämlich den Kokon aufweichen und durchbeißen. Der Faden ließe sich dann aber nicht mehr vom Kokon abwickeln. Deshalb wird die eingesponnene Larve schon nach zehn Tagen getötet. Nur Maulbeerspinner, die zur Nachzucht verwendet werden sollen, dürfen schlüpfen.

Sind die Larven tot, kommen sie in ein heißes Bad, damit sich der Klebstoff löst, der die Seidenfäden im Kokon zusammenhält. Erst dann kann der Faden abgewickelt werden. Je nach Fadenstärke werden dabei zehn oder mehr der hauchdünnen Fäden zusammengefasst. Ein Kilogramm Kokons ergibt etwa 250 Gramm Seidenfaden.

## Leseverstehensaufgaben

**1.** Vervollständige den folgenden Satz nach den Angaben im Text.

Seide ist schon seit Jahrtausenden bekannt und war lange ein Luxusgut,

das sich nur die ______________________________ leisten konnten.

**2.** Erkläre, woher der Begriff „halbseiden" kommt und was er bedeutet.

**3.** Gib an, welche Eigenschaft laut Text Seide nicht (!) hat.

a) Seide lässt sich um rund 15 Prozent dehnen, ohne dass sie reißt.
b) Seide kann bis zu 30 Prozent ihres Eigengewichts an Feuchtigkeit aufnehmen, ohne sich nass anzufühlen.
c) Die Oberfläche der Seide ist Schmutz abweisend und unempfindlich gegenüber Gerüchen.
d) Seide ist nicht entzündbar, kann also nicht brennen.
e) Seide kühlt bei Hitze und wärmt bei Kälte.

**4.** Erläutere, warum die Raupen getötet werden.

**5.** Beschreibe, was nach dem Tod der Raupen mit den Larven geschieht.

# Künstliche Intelligenz



Künstliche Intelligenz (KI) ist ein Teilgebiet der Informatik, das sich mit der Entwicklung von Technologien befasst, die menschenähnliche kognitive Fähigkeiten ausführen können. Das heißt, dass diese Technologien darauf abzielen, die menschliche Intelligenz in der Form von intelligenten Maschinen nachzubilden, die in der Lage sind, bestimmte Aufgaben selbstständig zu erledigen, ohne menschliche Anleitung oder Dateneingabe.

Von künstlicher Intelligenz gibt es eine Reihe von Anwendungen, die bereits weit verbreitet sind. Etwa das maschinelle Lernen, bei dem Algorithmen verwendet werden, um Muster in Daten zu erkennen und Vorhersagen zu treffen. Eine weitere Anwendung sind Sprachassistenten wie Siri oder Alexa, die in der Lage sind, menschliche Sprache zu verstehen und entsprechende Antworten zu geben. In der Medizin werden künstliche Intelligenz-Technologien verwendet, um Krankheiten zu diagnostizieren und Therapieoptionen zu entwickeln. Auch im Bereich der Robotik gibt es viele Anwendungen von künstlicher Intelligenz, wie z. B. autonome Fahrzeuge oder Drohnen.

KI eröffnet viele Möglichkeiten für die Zukunft, insbesondere in Bezug auf Automatisierung und Optimierung von Prozessen. Durch die Verwendung von intelligenten Systemen können viele Aufgaben schneller und effizienter erledigt werden, was Zeit und Kosten sparen kann. Auch in der Forschung gibt es viele Möglichkeiten, in denen KI eingesetzt wird, um komplexe Probleme zu lösen und neue Erkenntnisse zu gewinnen.

Allerdings birgt die künstliche Intelligenz auch einige Risiken und Herausforderungen. Eines der größten Risiken besteht darin, dass intelligente Systeme falsche Entscheidungen treffen, die schwerwiegende Konsequenzen haben können, etwa im Bereich autonomes Fahren oder in der Medizin. Ein weiteres Risiko besteht darin, dass die Verwendung von KI zum Verlust von Arbeitsplätzen führen kann, wenn bestimmte Aufgaben durch Maschinen ersetzt werden. Auch ethische Fragen, wie z. B. die Verantwortung für Entscheidungen, die von intelligenten Systemen getroffen werden, müssen berücksichtigt werden. In Zukunft wird es deshalb wichtig sein, dass wir uns bewusst mit diesen Herausforderungen auseinandersetzen und dafür sorgen, dass künstliche Intelligenz im Einklang mit unseren ethischen Grundsätzen entwickelt und eingesetzt wird.

# Künstliche Intelligenz

**Leseverstehensaufgaben**

**1.** Erläutere in deinen eigenen Worten, was man unter „künstlicher Intelligenz“ versteht.

**2.** Gib an, welche Anwendung von künstlicher Intelligenz im Text nicht (!) genannt wird.
a) Sprachassistenten wie Siri oder Alexa
b) maschinelles Lernen mit Algorithmen
c) autonome Fahrzeuge oder Drohnen
d) automatisierte Textproduktion
e) Diagnostik in der Medizin

**3.** Vervollständige den folgenden Satz nach den Angaben im Text.

Auch in der ____________________ gibt es viele Möglichkeiten, in denen KI eingesetzt wird, um komplexe Probleme zu lösen und neue Erkenntnisse zu gewinnen.

**4.** Benenne, worin laut Text das Risiko bei künstlicher Intelligenz besteht.

**5.** Vervollständige den folgenden Satz nach den Angaben im Text.

In Zukunft wird es wichtig sein, dass künstliche Intelligenz im Einklang mit unseren ____________________ Grundsätzen entwickelt und eingesetzt wird.

# Die größten Sprachen der Welt



**Die größten Sprachen der Welt (in Mio. Sprechern)**

| Rang | Sprache | Erstsprache | Zweitsprache | Gesamtzahl |
|---|---|---|---|---|
| 1 | Englisch | 373 | 1.080 | 1.453 |
| 2 | Mandarin-Chinesisch | 929 | 199 | 1.118 |
| 3 | Hindi | 344 | 258 | 602 |
| 4 | Spanisch | 475 | 74 | 548 |
| 5 | Französisch | 80 | 194 | 274 |
| 6 | Hocharabisch | – | 274 | 274 |
| 7 | Bengalisch | 234 | 39 | 273 |
| 8 | Russisch | 154 | 104 | 258 |
| 9 | Portugiesisch | 232 | 25 | 258 |
| 10 | Urdu | 70 | 161 | 231 |
| 11 | Indonesisch | 44 | 155 | 199 |
| 12 | Deutsch | 100 | 60 | 160 |
| 13 | Japanisch | 125 | 0,1 | 125 |

Quelle: SIL International (2022)

# Die größten Sprachen der Welt

**Leseverstehensaufgaben**

**1.** Gib an, woran sich die Rangliste orientiert, wer also zuerst genannt wird.

a) Die Rangliste orientiert sich an der Zahl der Sprecher der Erstsprache.
b) Die Rangliste orientiert sich an der Zahl der Sprecher der Zweitsprache.
c) Der Rangliste orientiert sich an der Gesamtzahl der Sprecher.

**2.** Vervollständige den folgenden Satz nach den Angaben im Diagramm.

Die Angaben basieren auf Zahlen aus dem Jahr ______________________________ .

**3.** Vervollständige den folgenden Satz nach den Angaben im Diagramm.

Gemessen an der Gesamtzahl aller Sprecher ist ______________________________ zwölftgrößte Sprache.

**4.** Gib an, welche Aussagen in dem Diagramm enthalten sind. Mehrere Antworten sind richtig.

a) Englisch ist gemessen an der Zahl der Erstsprachsprecher die drittgrößte Sprache.
b) Mandarin-Chinesisch ist die Sprache, die am meisten Zweitsprachsprecher aufweist.
c) Japanisch hat mehr Erstsprachsprecher als Deutsch.
d) Russisch ist gemessen an der Gesamtzahl der Sprecher größer als Spanisch.
e) Französisch und Hocharabisch sind gemessen an der Gesamtzahl der Sprecher gleich groß.

# Freizeitbeschäftigung der Schüler



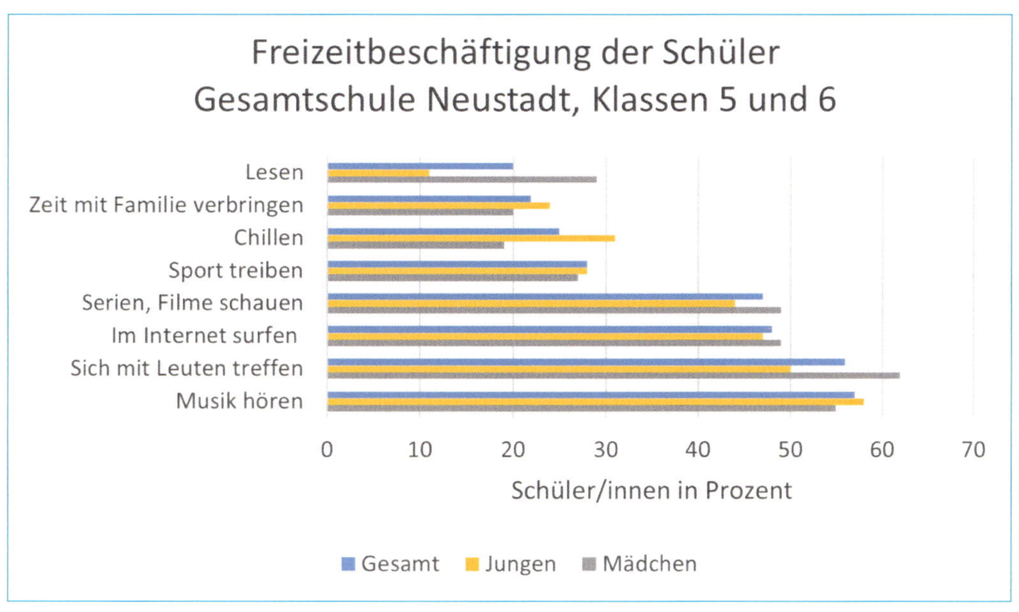


Angaben in Prozent; Basis der Befragten: 171 Schülerinnen und Schüler

# Freizeitbeschäftigung der Schüler

**Leseverstehensaufgaben**

**1.** Gib an, was das Diagramm zeigt.

a) Freizeitbeschäftigung aller Schüler der Gesamtschule Neustadt
b) Freizeitbeschäftigung aller Schüler der Klassen 5 und 6 in Deutschland
c) Freizeitbeschäftigung aller Schüler der Klassen 5 und 6 in Neustadt
d) Freizeitbeschäftigung aller Schüler der Klassen 5 und 6 an der Gesamtschule Neustadt

**2.** Vervollständige den folgenden Satz nach den Angaben im Diagramm.

Die Angaben basieren auf der Befragung von ______________________________ Schülerinnen und Schülern.

**3.** Benenne die bei den Schülerinnen und Schülern insgesamt beliebteste Freizeitbeschäftigung.

**4.** Gib an, welche Aussagen sich aus dem Diagramm ableiten lassen. Mehrere Antworten sind richtig.

a) Mädchen lesen deutlich lieber als Jungen.
b) Das Schauen von Serien und Filmen ist insgesamt beliebter, als sich mit Leuten zu treffen.
c) Jungen treiben deutlich lieber Sport als Mädchen.
d) Jungen chillen lieber, als Sport zu treiben.
e) Das Schauen von Serien und Filmen ist insgesamt etwa so beliebt wie das Surfen im Internet.

# Heimtiere in Prozent aller Haushalte



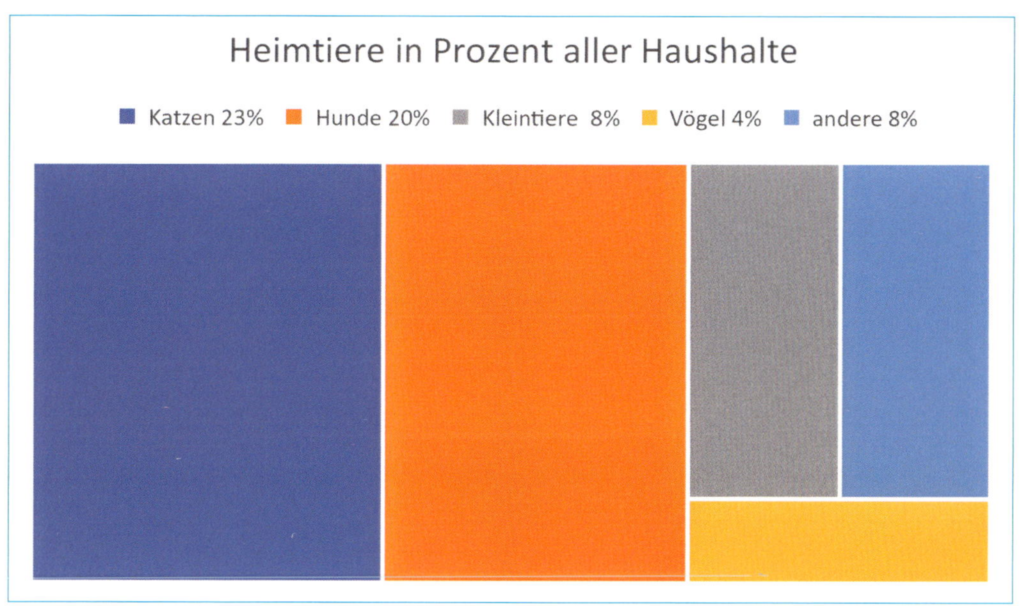


Basis: Befragung in Deutschland 2022

# Heimtiere in Prozent aller Haushalte

**Leseverstehensaufgaben**

**1.** Erläutere in deinen eigenen Worten, wie die Überschrift des Diagramms „Heimtiere in Prozent aller Haushalte" zu verstehen ist. Was zeigt das Diagramm?

**2.** Gib an, wie die Prozentzahlen in dem Diagramm zu deuten sind. Mehrere Antworten sind richtig.

a) Es ist möglich, dass in einem Haushalt auch zwei oder mehr Tiere leben.
b) Es ist nicht möglich, dass in einem Haushalt auch zwei oder mehr Tiere leben.
c) In genau 37 Prozent aller Haushalte lebt kein Heimtier.
d) In mindestens 37 Prozent aller Haushalte lebt kein Heimtier.

**3.** Gib an, welche Aussagen sich aus dem Diagramm ableiten lassen. Mehrere Antworten sind richtig.

a) Katzen und Hunde werden mit deutlichem Abstand am häufigsten als Heimtiere gehalten.
b) Katzen werden häufiger in Haushalten gehalten als Kleintiere, Vögel und andere Tiere außer Hunden.
c) Hunde werden häufiger in Haushalten gehalten als Kleintiere, Vögel und andere Tiere außer Katzen.

**4.** Begründe, ob das Diagramm deiner Ansicht nach die Aussage „Katzen sind in Deutschland beliebter als Hunde." belegt.

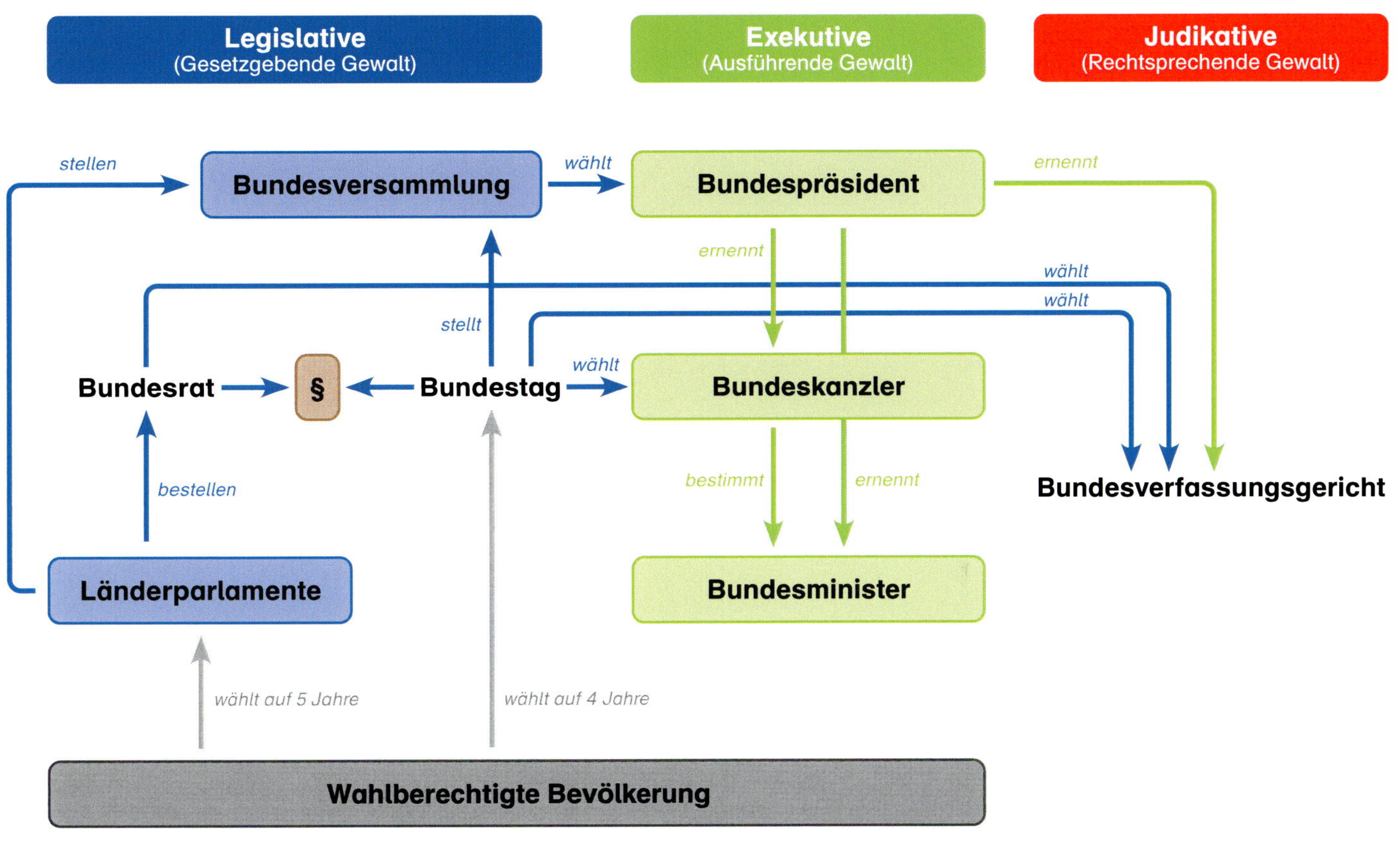
Verfassung der Bundesrepublik Deutschland
Legislative
(Gesetzgebende Gewalt)
Exekutive
(Ausführende Gewalt)
Judikative
(Rechtsprechende Gewalt)
stellen
Bundesversammlung
wählt
Bundespräsident
ernennt
ernennt
wählt
wählt
stellt
Bundesrat
§
Bundestag
wählt
Bundeskanzler
bestellen
bestimmt
ernennt
Bundesverfassungsgericht
Länderparlamente
Bundesminister
wählt auf 5 Jahre
wählt auf 4 Jahre
Wahlberechtigte Bevölkerung

# Verfassung der Bundesrepublik Deutschland

**Leseverstehensaufgaben**

**1.** In dem Schaubild werden insgesamt vier Farben (Blau, Grün, Rot und Grau) verwendet.
Benenne, welche Aufgaben die Farben haben.

**2.** Gib an, welche Aussagen sich aus dem Diagramm „Verfassung der Bundesrepublik Deutschland“ ableiten lassen. Mehrere Antworten sind richtig.

a) Die Mitglieder des Bundesverfassungsgerichts werden von der Bevölkerung gewählt.
b) Der Bundeskanzler wird zwar vom Bundespräsidenten ernannt, aber vom Bundestag gewählt.
c) Der Bundespräsident wird nicht von der Bevölkerung direkt, sondern von der sogenannten Bundesversammlung gewählt.
d) Die Länderparlamente haben keine bundespolitische Bedeutung.

**3.** Erkläre mithilfe des Schaubildes, warum dem Bundestag eine Sonderrolle im demokratischen System zukommt.

**4.** Erläutere, wie die Überschrift des Schaubildes, „Verfassung der Bundesrepublik Deutschland“, zu verstehen ist.

**5.** Formuliere einen anderen Vorschlag für eine Überschrift für das Schaubild.

Ich geh' nur mal eben mein Zimmer aufräumen!
Ordnung muss sein

## Leseverstehensaufgaben

**1.** Erläutere, was das Ziel der Darstellung ist.

**2.** Erkläre, worin der Witz des Cartoons „Ordnung muss sein“ besteht.

**3.** Benenne, wie die Aussage des Junge „Ich geh' nur mal eben mein Zimmer aufräumen!“ zum Schneeschieber passt.

**4.** Gib an, wie die Mutter die Ankündigung des Sohnes aufnimmt.

a) Die Mutter des Jungen ist zufrieden.
b) Die Mutter des Jungen ist überrascht.
c) Die Mutter des Jungen ist verärgert.
d) Die Mutter des Jungen ist enttäuscht.

**5.** Begründe, ob sich die folgende Aussage aus dem Cartoon „Ordnung muss sein“ ableiten lässt.

„Der Junge hat von seiner Mutter schon häufiger gehört, dass sein Zimmer unordentlich ist und er aufräumen soll.“

# Verkehrsunfälle von Kindern

NICHTLINEARER TEXT 6

MITTEL BIS SCHWER

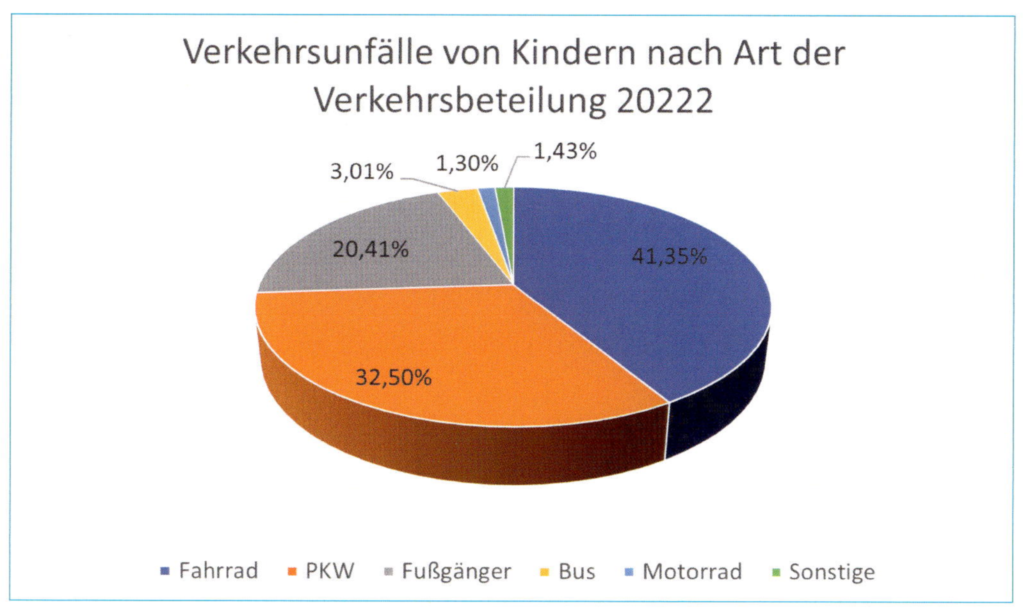


21 197 erfasste Fälle in ganz Deutschland; eigene Erhebung

# Verkehrsunfälle von Kindern

## Leseverstehensaufgaben

**1.** Erläutere in deinen eigenen Worten, was das Diagramm „Verkehrsunfälle von Kindern nach Art der Verkehrsbeteiligung 2022“ darstellt.

**2.** Gib an, welche Aussagen sich aus dem Diagramm „Verkehrsunfälle von Kindern nach Art der Verkehrsbeteiligung 2022“ ableiten lassen. Mehrere Antworten sind richtig.

a) Fast drei Viertel aller Verkehrsunfälle von Kindern passieren mit dem Fahrrad oder dem PKW.
b) Zu Fuß zu gehen, ist die dritthäufigste Art der Verkehrsbeteiligung von Kindern bei Verkehrsunfällen.
c) Nur wenige Kinder fahren mit dem Bus zur Schule.
d) Es kommt besonders häufig zu Verkehrsunfällen mit PKW, wenn Kinder mit im Auto (als Beifahrer) sitzen.

**3.** Begründe, ob das Diagramm „Verkehrsunfälle von Kindern nach Art der Verkehrsbeteiligung 2022“ deiner Ansicht nach die Aussage „Motorräder gehören zu den sichersten Verkehrsmitteln überhaupt.“ belegt.

**4.** Bewerte die Angaben „21 197 erfasste Fälle in ganz Deutschland“ und „eigene Erhebung“ aus dem Diagramm: Wie verlässlich sind die Zahlen?

# Bevölkerungsentwicklung und -prognose



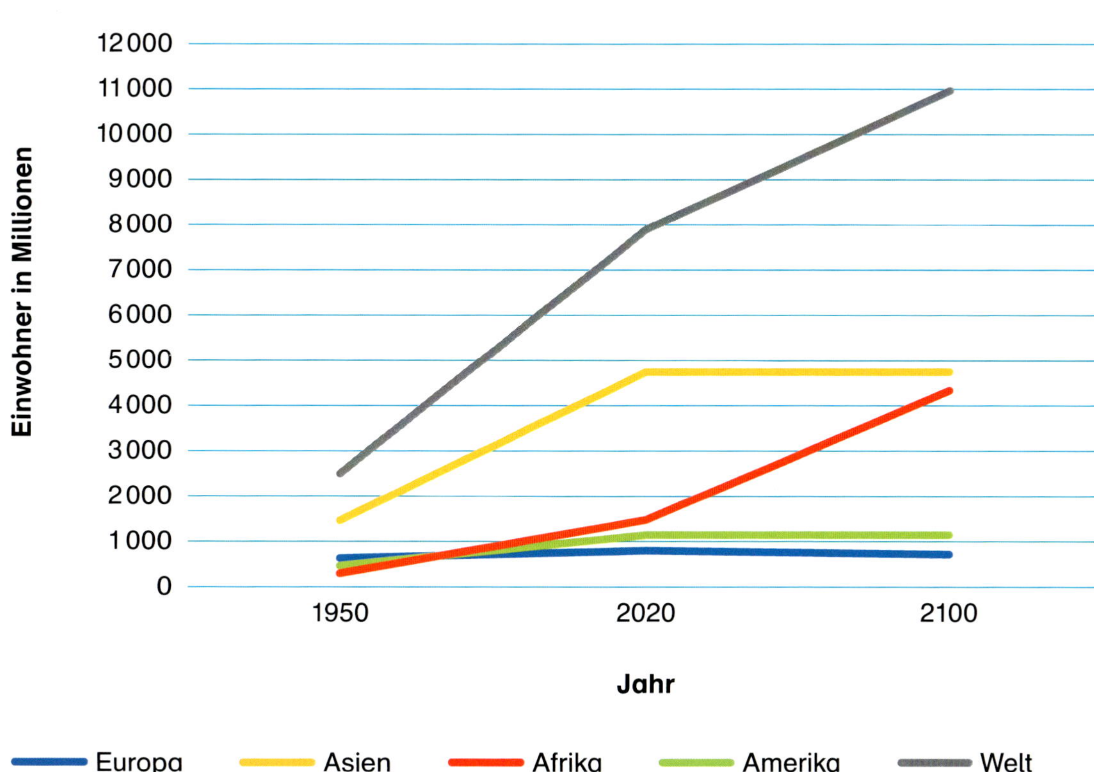

# Bevölkerungsentwicklung und -prognose

**Leseverstehensaufgaben**

**1.** Gib an, welcher Satz die Hauptaussage des Diagramms „Bevölkerungsentwicklung und -prognose“ richtig wiedergibt.

a) Das Diagramm will zeigen, dass die Weltbevölkerung bis zum Jahr 2100 deutlich wachsen wird, was vor allem an der hohen Einwohnerzahl Asiens liegt.

b) Das Diagramm macht deutlich, dass Europa an dem starken Anstieg der Weltbevölkerung bis zum Jahr 2100 unschuldig ist.

c) Das Diagramm will veranschaulichen, dass die Weltbevölkerung bis zum Jahr 2100 deutlich wachsen wird, wofür vor allem ein starker Bevölkerungsanstieg in Afrika verantwortlich ist.

d) Das Diagramm belegt, dass auch bis zum Jahr 2100 Europa Amerika bezogen auf die Einwohnerzahl nicht überholen wird.

e) Das Diagramm will zeigen, dass Afrika Asien bezogen auf die Einwohnerzahl bald überholt haben wird.

**2.** Erkläre, aus welchem Grund die Werte für einzelne europäische Länder in dem Diagramm nicht enthalten sind.

**3.** Bewerte die Qualität des Diagramms. Gehe dabei auch auf die Frage ein, ob du die enthaltenen Angaben für verlässlich hältst.